Geopolítica da América Latina

Moderna

Geopolítica da América Latina

Nelson Bacic Olic

Geógrafo. Professor dos Ensinos Fundamental e Médio.
Autor de livros paradidáticos.
Coautor de Geografia do Sistema Uno de Ensino (Editora Moderna).
Editor do boletim *Mundo — Geografia e política Internacional*
(Editora Pangea).

Beatriz Canepa

Jornalista.
Editora especial do *Almanaque Abril*.

DE ACORDO COM AS NOVAS NORMAS ORTOGRÁFICAS

2ª edição

Edição reformulada

25ª impressão

Moderna

1ª edição 1992

Moderna

COORDENAÇÃO EDITORIAL José Carlos de Castro
EDIÇÃO DE TEXTO Ademir Garcia Telles
PREPARAÇÃO DE TEXTO Edna Viana
COORDENAÇÃO DE PRODUÇÃO GRÁFICA Fernando Dalto Degan
COORDENAÇÃO DE REVISÃO Estevam Vieira Lédo Jr.
REVISÃO Editora Mania de Livro, Iraci Miyuki Kishi
EDIÇÃO DE ARTE, PROJETO GRÁFICO E CAPA Ricardo Postacchini
FOTO CAPA Alex Salim
COORDENAÇÃO DE PESQUISA ICONOGRÁFICA Ana Lucia Soares
PESQUISA ICONOGRÁFICA Pietra Stefania Diwan
As imagens identificadas com a sigla CID foram fornecidas pelo Centro de Informação e Documentação da Editora Moderna.
CARTOGRAFIA Alessandro Passos da Costa, Aline Pellissari Antonini Ruiz, Rodrigo Carraro Moutinho
DIAGRAMAÇÃO Ricardo Yorio
COORDENAÇÃO E TRATAMENTO DE IMAGENS Américo Jesus
SAÍDA DE FILMES Helio P. de Souza Filho, Marcio Hideyuki Kamoto
COORDENAÇÃO DE PRODUÇÃO INDUSTRIAL Wilson Aparecido Troque

IMPRESSÃO E ACABAMENTO Corprint Gráfica e Editora Ltda.

Dados Internacionais de Catalogação na Publicação (CIP)
(Câmara Brasileira do Livro, SP, Brasil)

Olic, Nelson Bacic, 1947- .
Geopolítica da América Latina / Nelson Bacic Olic, Beatriz Canepa. — 2. ed. reform. — São Paulo : Moderna, 2004. — (Coleção polêmica)

Inclui suplemento para o professor.
Bibliografia.

1. Geopolítica - América Latina I. Canepa, Beatriz. II. Título. III. Série.

04-2740 CDD-320.12098

Índices para catálogo sistemático:
1. América Latina : Geopolítica 320.12098

ISBN 85-16-04188-3

EDITORA MODERNA LTDA.
Rua Padre Adelino, 758 - Belenzinho
São Paulo - SP - Brasil - CEP 03303-904
Vendas e Atendimento: Tel. (0_ _11) 2790-1500
Fax (0_ _11) 2790-1501
www.moderna.com.br
2009

Impresso no Brasil

1 3 5 7 9 10 8 6 4 2

Para Neide, Tati, André, Fernando e Maurício
Para André e Helena

Sumário

Introdução

De maneira geral, os brasileiros conhecem pouco os países com os quais compartilham a região conhecida como América Latina. O objetivo principal deste livro é traçar um panorama geográfico, econômico e geopolítico da região, dando destaque a alguns países que compõem esta área do continente americano e as práticas políticas neles desenvolvidas.

Na primeira parte do livro, são abordados aspectos gerais da região, e, nas partes seguintes, são analisados os contextos geopolíticos da América do Sul, do México e da América Central. Todos os 34 países da região, como era de esperar, não receberam o mesmo tratamento.

Dos mais de trinta países que compõem a região, alguns, em razão de sua importância, mereceram uma abordagem mais pormenorizada, como foram os casos do México, Cuba e da maioria daqueles que compõem a América do Sul. Outros, dada a sua pequena expressão geográfica, econômica ou geopolítica, foram tratados de modo mais superficial, como foi o caso da maioria dos países da América Central e Antilhas.

Como o leitor poderá constatar, ao longo de todo o texto, constantemente esteve presente, de forma explícita ou implícita, a "crônica" e quase sempre nociva influência hegemônica dos Estados Unidos no contexto da evolução política das nações latino-americanas.

Este livro teve sua primeira edição publicada em 1991. Dessa data aos dias de hoje muita coisa mudou no mundo e na América Latina.

O fim da Guerra Fria, a desintegração da União Soviética, a criação do Mercosul, a incorporação econômica do México ao Nafta, a implementação de planos de estabilização econômica por parte dos países da região, o aumento do narcotráfico, da violência e das desigualdades sociais foram alguns dos fatos que, com maior ou menor intensidade, levaram a profundas transformações no cenário latino-americano e tornaram ainda mais complexa a sua compreensão.

Tendo isso em vista, fez-se necessária uma total revisão e atualização do texto. Assim, alguns capítulos foram suprimidos ou condensados, outros ampliados e outros ainda acrescentados. Tentamos captar as informações essenciais que contribuíssem para melhor compreender os intrincados problemas que afligem a América Latina. Afinal, essa é a nossa América!

Parte 1

Esta é a Nossa América

Considera-se América Latina os territórios do continente americano que se estendem desde a fronteira do México com os Estados Unidos até as regiões do Chile e da Argentina, localizadas no extremo sul do Atlântico. Por sua grande extensão, costuma-se dividir a América Latina nas seguintes partes:

a) América do Sul, que engloba doze países (Argentina, Chile, Uruguai, Brasil, Paraguai, Bolívia, Peru, Equador, Colômbia, Venezuela, Guiana e Suriname) e uma colônia da França (Guiana Francesa).

b) América Central, que compreende duas regiões distintas:

• os países do istmo ou continentais, que são Panamá, Costa Rica, Nicarágua, Honduras, El Salvador, Guatemala e Belize;

• as Antilhas ou Caribe, grupo de ilhas (entre as quais está Cuba), de variados tamanhos, que separa o Mar do Caribe do Oceano Atlântico.

c) México, que por suas particularidades histórico-geográficas é considerado um país à parte.

Existem 34 países independentes na América Latina, dos quais vinte são continentais e os demais estão localizados na região das Antilhas. Além desses Estados soberanos, existem inúmeros territórios que ainda hoje estão sob a tutela dos Estados Unidos, Grã-Bretanha, França e Holanda. Excetuando-se a Guiana Francesa, os territórios não-independentes da América Latina situam-se nas Antilhas.

Os países da América Latina diferenciam-se dos demais países do continente americano, ou seja, Canadá e Estados Unidos (que fazem parte da chamada "América Anglo-Saxônica"), pelo baixo grau de desenvolvimento econômico-social. Esses dois países são considerados capitalistas avançados, de economia altamente desenvolvida, enquanto os países latino-americanos apresentam acentuada dependência econômica externa e grandes desigualdades sociais, características típicas dos países tradicionalmente classificados como do Terceiro Mundo ou do "sul subdesenvolvido".

1. América Latina: realidades múltiplas

Os países da América Latina, em razão de seus variados tamanhos, população, recursos e evolução econômica e geopolítica, apresentam grandes diferenças entre si. Nesse conjunto heterogêneo composto de mais de trinta nações, destacam-se o Brasil, a Argentina e o México.

A América Latina não pode ser considerada apenas como um conjunto homogêneo de países subdesenvolvidos. As estruturas econômicas herdadas da época colonial e as formas pelas quais os Estados latino-americanos foram inseridos no mercado internacional geraram expressivas diferenças.

Essas diferenças, que já existiam desde a época colonial, acentuaram-se no final do século XIX, quando começaram a ser implantadas indústrias na região. Assim, países como o Brasil, a Argentina e o México, principalmente, trilharam um caminho que permitiu distingui-los dos demais. Os outros países latino-americanos continuaram, em maior ou menor grau, dependentes das estruturas econômicas já existentes.

A evolução diferenciada de Brasil, Argentina e México esteve ligada tanto aos fluxos internacionais de investimentos quanto aos esforços de suas respectivas burguesias nacionais, que estabeleceram novas formas de integração desses países à economia mundial. Mesmo sem se livrar do subdesenvolvimento, foram criadas nesses três países estruturas econômicas mais complexas, em que o setor industrial passou a ter gradativamente maior peso.

Os demais Estados que ficaram à margem da decolagem industrial continuaram, de maneira geral, dependendo da produção e exportação de matérias-primas agrícolas tropicais (como a maioria dos países centro-americanos), ou de minérios, petróleo ou gás (como a Bolívia, o Peru e o Equador).

AMÉRICA LATINA: ASPECTOS GERAIS DA ECONOMIA DOS PAÍSES

Entre os países que não conseguiram desenvolver um setor industrial de expressão, estão aqueles que foram, nas últimas décadas, envolvidos pelo crescimento da ação do narcotráfico (Colômbia, Peru e Bolívia). Há também os ligados aos fluxos legais e ilegais do capital financeiro especulativo como são os casos dos chamados "paraísos fiscais" existentes principalmente no Caribe (Bahamas, Ilhas Cayman, entre outros). A Venezuela, por sua vez, é um exemplo singular: parcela expressiva de sua industrialização baseou-se na extração e comercialização do petróleo.

Quanto à evolução recente dos países latino-americanos mais industrializados, o Brasil e a Argentina (com os pouco industrializados Uruguai e Paraguai) lançaram-se, desde o início da década de 1990, na criação de um bloco econômico regional, o Mercado Comum do Sul (Mercosul). Seus sucessos e percalços, ao longo de mais de uma década de existência, serão analisados mais adiante.

Por fim, vale chamar a atenção para a evolução recente do México. Seu expressivo crescimento nos anos 1990, especialmente nos últimos cinco anos dessa década, deveu-se principalmente à sua adesão à aliança econômica formada pelos Estados Unidos e Canadá, o Acordo de Livre Comércio da América do Norte (Nafta).

2. Quem é que manda aqui?

A descolonização na América Latina teve início há quase duzentos anos. Desde então, paira uma espécie de sombra sobre a evolução política dos países da região: a presença hegemônica dos Estados Unidos afetando os destinos das nações latino-americanas.

É impossível compreender a América Latina sem levar em conta a influência dos Estados Unidos. Há um bom tempo, a grande potência enxerga o restante do continente americano como uma espécie de prolongamento natural do seu território, portanto uma área vital às suas ambições econômicas, políticas e estratégicas.

A ponta de lança dessa inexorável hegemonia foi a chamada "Doutrina Monroe" (1823), elaborada pelo presidente norte-americano James Monroe. Por meio dela os Estados Unidos proibiram novos projetos colonialistas no continente, ao mesmo tempo que incentivaram movimentos de independência latino-americanos. A frase-síntese da Doutrina Monroe era: "A América para os americanos".

A nobre causa esboçada por Monroe, no entanto, ganhou claros contornos imperialistas no século XX, levando latino-americanos a afirmar que sua frase-síntese deveria ser: "A América para os norte-americanos". No decorrer dos últimos cem anos o expansionismo norte-americano manifestou-se de formas bem diferentes, que variaram de acordo com a conjuntura internacional e os interesses em jogo.

INTERVENÇÕES DOS ESTADOS UNIDOS NA AMÉRICA LATINA

ANO	TIPO DE INTERVENÇÃO E PAÍS QUE A SOFREU
1898	Anexação de Porto Rico
1901	Imposição de protetorado sobre Cuba
1903	Apoio à separação do Panamá da Colômbia; é firmado o tratado que dá aos Estados Unidos o domínio perpétuo do Canal
1906/1909	Intervenção em Cuba
1909/1912	Ocupação da Nicarágua
1914	Ocupação do Haiti
1914	Inauguração do Canal do Panamá
1916	Ocupação da República Dominicana
1916	Compra das Ilhas Virgens da Dinamarca
1916	Assinatura do tratado que dava direitos de construção de um canal interoceânico na Nicarágua
1927/1933	Ocupação da Nicarágua
1947	Os Estados Unidos forçam o rompimento diplomático entre os países latino-americanos e a União Soviética
1947	Criação do Tratado Interamericano de Ajuda Recíproca (Tiar)
1948	Fundação da Organização dos Estados Americanos (OEA)
1954	Apoio à derrubada do governo da Guatemala
1955	Apoio à derrubada do governo Perón na Argentina
1961	Tentativa de invasão de Cuba por exilados e mercenários financiados pela CIA
1962	Pressões diplomáticas para expulsar Cuba da OEA
1964	Apoio ao golpe militar no Brasil
1966	Apoio ao golpe militar na Argentina
1971	Apoio ao golpe militar na Bolívia
1973	Apoio aos golpes militares no Uruguai e no Chile
1976	Apoio ao golpe militar na Argentina
1981/1988	Apoio aos "contra" da Nicarágua
1982	Apoio aos britânicos na Guerra das Malvinas
1983	Invasão de Granada
1985	Apoio à derrubada da ditadura no Haiti
1989	Invasão do Panamá
1994	Tropas norte-americanas ocupam o Haiti
1994	É lançada a Área de Livre Comércio das Américas (Alca)

A ameaça comunista

Do final da Segunda Guerra Mundial (1939-1945) até o início da década de 1990, período conhecido como Guerra Fria, a prioridade máxima dos Estados Unidos em relação à América Latina foi a de barrar o avanço do comunismo. A rivalidade entre as duas superpotências – Estados Unidos e União Soviética – alcançou os quatro cantos do planeta. Para a primeira, manter a América completamente fora da órbita de influência dos soviéticos era uma questão de honra.

Assim, qualquer movimento nacionalista, reformista ou revolucionário em países latino-americanos era visto como uma ameaça em potencial. Em razão disso, os Estados Unidos apoiavam as classes sociais ou grupos que pretendiam manter o *status quo*.

A intervenção na região tornou-se mais agressiva após a Revolução Cubana (1959). Seu líder, Fidel Castro, instalou na pequena ilha, localizada a apenas 170 quilômetros da costa norte-americana, o primeiro regime socialista das Américas.

A vitória do comunismo em Cuba é carregada de significado: representou um desafio, até então inédito, à hegemonia dos Estados Unidos no continente. Seu principal desdobramento foi contaminar de entusiasmo a esquerda latino-americana. Inspirados no sucesso cubano, movimentos de esquerda ganharam novo fôlego na região.

Em resposta à radicalização da esquerda latino-americana, o governo dos Estados Unidos colocou em prática a política de contrainsurgência. Ou seja, treinou e financiou Forças Armadas latino-americanas no combate à subversão social. Em muitos países, os militares assumiram o poder pela força das armas e instalaram ditaduras ferozes, sempre com o respaldo norte-americano.

Um breve intervalo aconteceu durante o governo do presidente norte-americano Jimmy Carter (1977-1981), promotor da chamada "Política dos Direitos Humanos". Ao condenar as ditaduras que matassem, torturassem ou perseguissem presos políticos, a política externa de Carter contribuiu para o processo lento e gradual de redemocratização na América Latina. A queda da ditadura de Somoza na Nicarágua (1979) e o início da "abertura política" no Cone Sul (Brasil, Argentina e Uruguai) são fatos marcantes desse período.

A década de 1980, porém, assistiu à retomada das velhas práticas intervencionistas sob a liderança do conservador Ronald Reagan, que governou os Estados Unidos por dois mandatos consecutivos (1981-1989).

A partir de 1981, grupos armados de oposição (os contrarrevolucionários ou "contra") em luta contra o governo de esquerda na Nicarágua passaram a receber ajuda substancial dos Estados Unidos. Em 1983 foi a vez da pequena ilha de Granada, ocupada por *marines* norte-americanos após acusações de que estaria se transformando numa base logística de Cuba e da União Soviética.

Nos casos de El Salvador e Guatemala, onde guerrilhas de esquerda desafiavam ditaduras militares, a administração norte-americana teve dupla atuação: de um lado, forneceu ajuda para conter a insurgência e, de outro, "incentivou" a eleição de governos civis, porém fiéis às diretrizes norte-americanas.

Essa foi a estratégia adotada para evitar que governos aliados extremamente impopulares fossem derrubados por revoluções contrárias aos seus interesses. "Novas Nicaráguas" não seriam mais permitidas, em hipótese alguma. Em 1986, o apoio dos Estados Unidos à queda do ditador vitalício do Haiti, Jean-Claude Duvalier (Baby Doc), e à sua substituição por um governo com maior respaldo interno obedeceu à mesma lógica.

Com o término da Guerra Fria e a derrocada da União Soviética (1991), a hegemonia norte-americana na América Latina entrou em nova fase. Sem a ameaça comunista, o combate aos regimes e movimentos guerrilheiros de esquerda perdeu sentido. E as intervenções militares, antes frequentes, praticamente não aconteceram, com exceção da breve ocupação do Haiti, em 1994, para garantir o retorno do presidente Jean Bertrand Aristide, deposto por um golpe militar. Por trás da bandeira do humanitarismo os Estados Unidos procuravam conter o fluxo migratório de haitianos para o seu território.

Na década de 1990, duas questões passaram a ocupar o centro da agenda de sucessivos governos em relação à América Latina. Uma delas foi a implementação de uma zona de livre comércio no continente. A outra dizia respeito à luta contra o narcotráfico.

Alca: uma nova Doutrina Monroe?

Mais do que em qualquer outra época, os Estados Unidos vêm procurando ampliar sua influência e alcance comercial sobre o restante da América. Por trás desse objetivo existe uma razão clara: o crescente déficit externo, que atingiu níveis alarmantes nas últimas décadas.

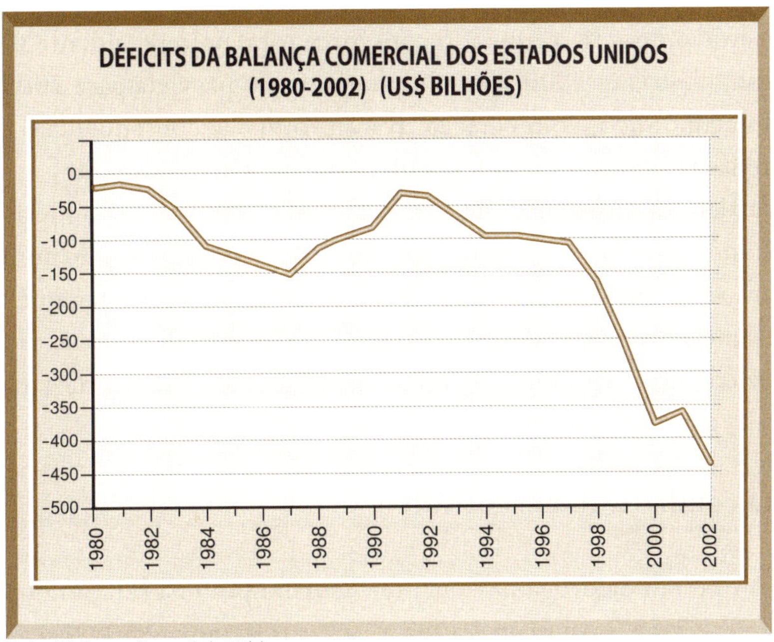

Fonte: *US Census Bureau* (adaptado).

Para se ter uma ideia, em 2000, o saldo negativo na balança comercial de mercadorias e serviços norte-americana girava em torno de 375 bilhões de dólares – valor que se aproxima do Produto Interno Bruto (PIB) da Holanda e da Austrália. A China, o Japão e os países da União Europeia foram os grandes responsáveis pelo enorme déficit comercial norte-americano.

Já a América do Sul destaca-se como uma das poucas macrorregiões em que os Estados Unidos possuem superávits comerciais. Embora o valor das trocas com países da região ainda seja pouco expressivo, o potencial de expansão não pode ser desprezado. Daí a pressão norte-americana pela maior abertura desses mercados aos seus produtos e serviços.

A tão sonhada integração comercial chama-se "Área de Livre Comércio das Américas" (Alca), um megabloco econômico que pretende englobar todas as nações do continente, do Alasca à Terra do Fogo, com exceção de Cuba.

Idealizada em 1990 pelo presidente George Bush (pai) com o nome de "Iniciativa para as Américas", a Alca foi lançada oficialmente em 1994 no governo do presidente Bill Clinton. O projeto avançou pouco durante sua gestão, mas foi retomado com força total pelo presidente George W. Bush, eleito em 2000. Com implementação prevista para 2005, esse acordo econômico, com certeza, trará profundas consequências para o futuro das relações econômicas entre os países do continente.

A ideia da Alca já nasceu com um pecado original: a grande assimetria econômica entre os Estados Unidos e os demais países do continente. Para se ter uma noção dessa disparidade basta constatar que o PIB norte-americano representa cerca de 75% da soma de todas as riquezas produzidas no continente. Parafraseando a frase-síntese da Doutrina Monroe, a América é para os americanos?

O combate ao narcotráfico

A questão da droga passou a ter enorme peso na relação dos Estados Unidos com a América Latina a partir dos anos 1980. Nas últimas décadas, o Peru, a Bolívia e a Colômbia aumentaram a produção de cocaína e de folha de coca, sua matéria-prima, colocando a região na liderança absoluta no fornecimento mundial desses produtos.

A maior parte da cocaína produzida tem como endereço principal o mercado consumidor dos Estados Unidos. O enorme contingente de viciados tornou-se uma dor de cabeça para o governo norte-americano.

Além do aumento dos gastos no sistema de saúde, os impactos na ordem social são visíveis, com crescimento assustador da delinquência e da criminalidade.

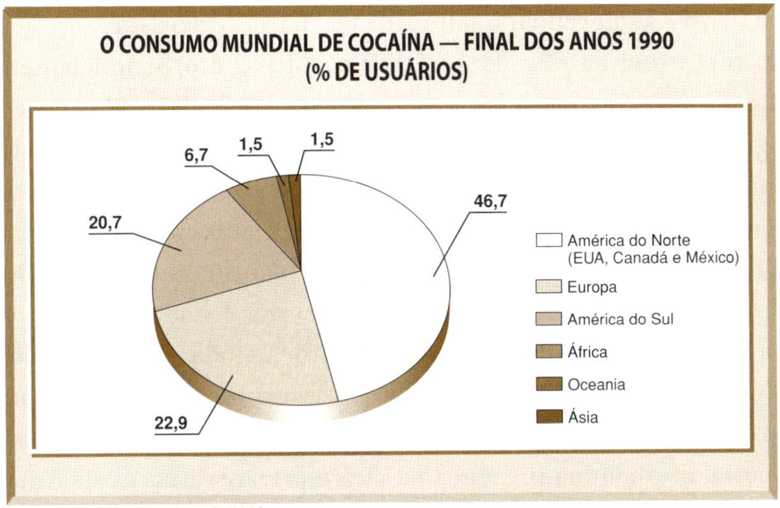

Fonte: *Global Illicit Drug Trends*, 2002.

A primeira operação militar contra o narcotráfico aconteceu em 1989, quando os Estados Unidos invadiram o Panamá para depor e prender o general Manuel Noriega, acusado de envolvimento em negócios relacionados a drogas.

Washington acredita que a melhor estratégia é erradicar o mal pela raiz. Isso explica a crescente pressão sobre os governos sul-americanos, aos quais dá suporte para que combatam internamente a produção de drogas.

Na Bolívia, os Estados Unidos financiam, desde meados da década de 1980, um programa de erradicação das plantações de folha de coca (ver capítulo "Os países sem saída"). O auxílio norte-americano também chegou ao vizinho Peru, quando o presidente Alberto Fujimori decidiu bater de frente com a guerrilha Sendero Luminoso, que mantinha relações com o narcotráfico.

Na Colômbia, o cerco à indústria da droga começou com um tratado de extradição para os Estados Unidos de chefes do narcotráfico capturados pelo governo colombiano.

O projeto norte-americano mais ambicioso, o Plano Colômbia, foi lançado em 2000. Com esse projeto, os Estados Unidos liberaram 1,3 bilhão de dólares, em equipamentos e treinamento militar, ao governo colombiano para ajudar na destruição das áreas de cultivo da droga e na guerra contra a guerrilha, qualificada de "narcoterrorista".

É certo que na década de 1990 o cultivo e o beneficiamento da droga caíram de forma expressiva no Peru e na Bolívia. Mas essa queda foi logo compensada pelo crescimento da produção na Colômbia. Em seguida uma decepção: enquanto Washington comemorava os primeiros resultados positivos do Plano Colômbia, a Organização das Nações Unidas (ONU) alertava para um novo *boom* no plantio no Peru e na Bolívia.

O envolvimento cada vez mais direto dos Estados Unidos na luta contra o narcotráfico suscita várias questões ainda não esclarecidas. A principal delas tem relação com os reais interesses da superpotência na região. Há quem acredite que, por trás do combate às drogas, Washington queira ampliar sua presença na rica e estratégica área da Amazônia Internacional, região natural que se estende por territórios de oito países da porção setentrional da América do Sul, além da Guiana Francesa.

A guerra ao terror

Os atentados de 11 de setembro de 2001 nos Estados Unidos funcionaram como um divisor de águas para a política externa norte-americana. Desde então, Washington deixou de lado questões antes consideradas relevantes em nome da luta contra o terrorismo internacional.

Na verdade, existe um certo consenso de que a América Latina nunca havia sido uma região prioritária para o governo dos Estados Unidos. E, após os ataques terroristas de 11 de setembro, os projetos econômicos que pautavam essa relação perderam muito de sua importância diante das preocupações com a defesa. Isso não significa, porém, que esse país tenha esquecido a América Latina. Pelo contrário, as negociações para a implantação da Alca estão em andamento, e, ao lado da cruzada contra o narcotráfico, o governo norte-americano agora quer mais empenho no combate às guerrilhas de esquerda qualificadas de terroristas.

3. Raízes da dependência

Desde a década de 1980, os principais países da América Latina vêm passando por graves e sucessivas crises econômicas. Os ajustes estruturais da economia promovidos na década de 1990 não conseguiram resolver a situação. Pelo contrário, acentuaram ainda mais as disparidades sociais.

Aos países latino-americanos, desde a época colonial, foi destinado o papel de fornecedores de produtos agrícolas e minerais para as metrópoles europeias. Mesmo quando, a partir do século XIX, o processo de descolonização propiciou a independência, a maioria deles continuou a produzir praticamente os mesmos produtos da época colonial. Isso demonstrava que, embora a independência política tivesse sido alcançada, a dependência econômica persistia.

Atualmente, a expressão econômica dos países latino-americanos é bastante diferenciada. A Argentina, o Brasil e o México desfrutam de uma condição econômica superior à dos demais países. Essa diferenciação tornou-se patente a partir do processo de decolagem industrial que se verificou principalmente após a Segunda Guerra Mundial (1939-1945).

A industrialização afetou os países latino-americanos com intensidades diferentes. Os pequenos países, como os da América Central, com limitados mercados internos, foram pouco afetados. De maneira geral, suas indústrias apenas beneficiam matérias-primas do setor primário. Os de tamanho médio, como a Colômbia, o Peru, a Venezuela e o Chile, só o foram parcialmente. Nesses países já existem, com alguma expressão, indústrias de base e de bens de consumo duráveis.

O Brasil, a Argentina e o México passaram por um intenso processo de industrialização e urbanização, que tornou suas economias mais complexas e causou mudanças profundas em suas respectivas sociedades bem como em seu relacionamento com os Estados Unidos.

Por isso, esses três países passaram a desfrutar de uma relativa autonomia no âmbito diplomático, que lhes permitiu, por exemplo, praticar, em alguns momentos, uma política externa independente em relação aos Estados Unidos. Em outras palavras, foi-lhes possível não se alinhar automaticamente com os Estados Unidos em certas questões internacionais. Do ponto de vista econômico, puderam participar mais ativamente do comércio internacional, chegando, em alguns casos, a concorrer em condições vantajosas em mercados dominados tradicionalmente pelos países do Primeiro Mundo (por exemplo, mercados africanos ou do Oriente Médio).

Os países latino-americanos, em maior ou menor grau, passaram, nas três décadas posteriores à Segunda Guerra Mundial, por um processo de acelerado crescimento econômico. Porém, esse processo de crescimento apresentou claros sinais de estagnação na década de 1980. Pode-se até afirmar que, nessa década, a América Latina foi a região do mundo que menos cresceu economicamente. Por causa disso, esse período passou a ser conhecido como a "década perdida".

A dívida e(x)terna

A situação que se delineou na década perdida se explica fundamentalmente pelo problema vinculado às enormes dívidas externas contraídas por esses países e pelas formas de tratamento dispensadas a essa questão pelas instituições financeiras internacionais e países credores. Embora o problema da dívida tenha afetado praticamente todos os países latino-americanos, ele se mostrou mais agudo justamente naqueles países em que a economia apresenta maior grau de complexidade, ou seja, no Brasil, Argentina e México.

O pagamento dos juros e outras taxas decorrentes das dívidas externas (o chamado serviço da dívida) praticamente inviabilizou a aplicação de recursos em planos de desenvolvimento interno. Muitos países não tiveram outra saída senão contrair novos empréstimos, que só são concedidos seletivamente e se o país endividado permitir o "gerenciamento" de sua economia por órgãos como o Fundo Monetário Internacional (FMI), que são muito influenciados pelos países do Primeiro Mundo, especialmente pelos Estados Unidos. Esse "dinheiro novo" destina-se ao pagamento de débitos do serviço da dívida, e somente uma pequena parte, se sobrar, é aplicada em planos de desenvolvimento do país.

O problema da dívida tornou-se mais complexo nos anos 1980, quando, além de afetar o relacionamento entre países e instituições econômicas internacionais, levou inúmeros países latino-americanos a determinadas situações-limite de caos econômico-social.

Se, durante a década de 1980, a América Latina marcou passo no campo econômico, no campo político assistiu a uma verdadeira "festa da democracia". No final da década, as ditaduras, tanto civis como militares, espécie de marca registrada dos regimes latino-americanos, tinham praticamente desaparecido do continente.

Anos 1990: outra década perdida?

O encerramento da Guerra Fria encontrou os países da América Latina em pleno processo de avanço das instituições democráticas. O ritmo de democratização reproduziu-se mais ou menos por todo o conjunto latino-americano, embora apresentasse situações muito diversas entre os países da região.

Os processos de democratização ocorreram praticamente ao mesmo tempo que acontecia o esgotamento do modelo de substituição de importações. Esses dois aspectos representaram o traço fundamental das novas realidades latino-americanas na última década do século XX. A integração cada vez maior dos países latino-americanos à economia internacional, uma das características básicas do recente processo de globalização, levou a uma reorganização das funções do Estado.

Se a década de 1980 esteve ligada às questões das dívidas externas (problema ainda hoje não resolvido), as instabilidades dos anos 1990 foram, e continuam sendo, provocadas pela ação dos fluxos globalizados de capitais financeiros, os chamados capitais especulativos ou voláteis, e por seus reflexos cambiais. Crises financeiras, como as do México (1994), do Brasil (1999) e da Argentina (2001-2002), ilustram as instabilidades econômicas ocorridas em países latino-americanos. Esses três eram, em 2002, os maiores devedores entre os países em desenvolvimento.

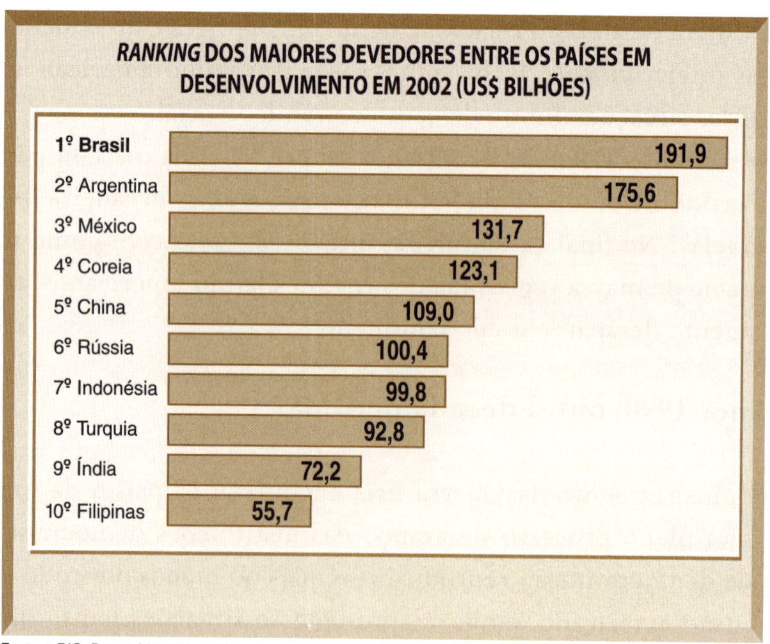

Fontes: *BIS, Banco Mundial* e *FMI*.
Obs.: Os dados não incluem itens como créditos comerciais.

Desde o final da década de 1980, pressionados pela crescente dívida externa, os países latino-americanos foram obrigados a implementar uma série de medidas para sanear suas economias. Esse conjunto de medidas imposto e completamente afinado com a doutrina neoliberal, que ficou conhecido como ajustes estruturais, baseava-se num tripé de medidas.

A primeira delas tratava da diminuição da participação do Estado na economia, por meio da privatização das empresas estatais. A segunda propunha a redução do déficit público, com a promoção de um enxugamento da máquina administrativa e um aprimoramento no sistema de arrecadação de impostos. Finalmente a terceira medida consistia na desregulamentação econômica, com a redução das alíquotas sobre os produtos importados.

Esse conjunto de medidas passou a atrair capitais internacionais de curto prazo, interessados nas altas taxas de juros oferecidas pelos países chamados a partir de então de "emergentes". O problema é que esses capitais especulativos são extremamente sensíveis aos problemas internos dos países em que são investidos. As crises que ocorreram no México (1994), na Ásia de leste e sudeste (1997), na Rússia (1998), no Brasil (1999) e na Argentina (2001-2002) tornaram o cenário da América Latina muito instável.

Embora os países da região tenham reagido de forma diferente às sucessivas crises em razão de suas peculiaridades, podem-se identificar alguns problemas que continuam afligindo praticamente todos eles: a "insolúvel" questão das dívidas externas, o aumento do desemprego, da concentração de rendas, das desigualdades sociais e da violência, além da sucessão cada vez mais frequente de crises políticas internas que afetam a governabilidade dos países.

Apesar de todas essas vicissitudes, as conquistas democráticas conseguidas nos anos 1980 vêm resistindo. No entanto, deve-se lembrar que na América Latina a democracia é ainda um fenômeno relativamente recente. Suas regras chocam-se com estruturas políticas herdadas de um passado autoritário e populista. Essa contradição continua a gerar incertezas quanto ao futuro dos países da região.

Seis anos perdidos

Segundo a Comissão Econômica para a América Latina e Caribe (Cepal), os anos de 1997 a 2002 foram perdidos para a América Latina. A expansão das economias da região não atingiu nível suficiente para acompanhar o crescimento populacional.

Entre 1997 e 2002, a economia da região cresceu 1% em média anualmente, para um crescimento demográfico médio de 1,5%. No período o PIB *per capita* da região recuou 1,45%. Para se ter um crescimento econômico sustentável, os países deveriam crescer a taxas próximas a 5% durante cerca de dez anos seguidos.

Segundo especialistas, tudo começou com as crises internacionais, que reduziram drasticamente o fluxo de investimentos para a região, e a situação agravou-se com a desaceleração da economia mundial a partir de 2000.

4. Caminhos e descaminhos do Mercosul

O Mercosul surgiu como resposta às novas condições econômicas e políticas criadas com o fim da Guerra Fria. Depois de uma primeira fase de sucesso, o bloco econômico vem passando por profunda crise e poderá se dissolver no interior da Alca.

A criação e a consolidação de novos blocos econômicos internacionais coincidiram com o fim da Guerra Fria. Assim, ao longo da década de 1990, a União Europeia avançou não só no sentido de incorporar novos membros como também de aprofundar o relacionamento entre os países componentes do bloco. Foi ainda na última década do século XX que surgiram no continente americano dois blocos econômicos: o Nafta, envolvendo os Estados Unidos, o Canadá e o México, e o Mercosul.

Criado pelo Tratado de Assunção (1991), o Mercosul teve como signatários o Brasil, a Argentina, o Paraguai e o Uruguai. Os quatro países do bloco têm algumas características mais ou menos comuns, destacando-se o fato de que constituem um agrupamento de Estados subdesenvolvidos localizados numa das regiões periféricas da economia mundial.

Todavia, há grandes diferenças entre os países componentes do bloco. Em posição bem superior está o Brasil, com enorme superfície, população que se aproxima dos 200 milhões de habitantes e PIB de cerca de 600 bilhões de dólares. Em patamar secundário está a Argentina. Numa comparação com os mesmos indicadores brasileiros, os argentinos possuem território cerca de três vezes menor, população menor ainda (mais ou menos 20% da brasileira) e PIB que corresponde aproximadamente à metade do país vizinho. Em condição bem mais modesta estão o Paraguai e o Uruguai, que apresentam território, população e economia de dimensões muito reduzidas quando comparadas com as dos outros dois parceiros do bloco.

PERFIL GEOECONÔMICO E SOCIAL DOS PAÍSES DO MERCOSUL

	Brasil	Argentina	Paraguai	Uruguai
População (milhões)	170,4	37,0	2,7	2,8
PIB (bilhões de US$)	595,5	285,0	7,5	19,7
PIB *per capita* (US$ ppc*)	7.625,0	12.377,0	4.426,0	9.035,0
População urbana (%)	87,7	88,2	56,0	91,9
Esperança de vida (anos)	67,7	73,4	70,1	74,4
Crescimento vegetativo (%)	1,6	1,4	2,3	0,6
Mortalidade infantil (por mil)	32,0	18,0	26,0	15,0
Analfabetismo (%)	14,8	3,2	6,7	2,3
IDH	0,757	0,844	0,740	0,831

*ppc = paridade do poder de compra

Fonte: *World Bank — World Development Indicators* 2002.

Os grandes desníveis internos no Mercosul não se manifestam apenas nos planos territorial, populacional e econômico. Eles incidem também sobre o perfil social dos países-membros.

O Brasil exibe os indicadores sociais mais precários: elevados índices de analfabetismo e mortalidade infantil e a menor expectativa de vida. Os profundos contrastes entre riqueza e miséria e a injusta concentração de renda no Brasil são resultado dos modelos de desenvolvimento excludentes que o país adotou ao longo de sua história.

Já a Argentina e o Uruguai possuem os melhores indicadores sociais do bloco. Essa condição que os dois países desfrutam é ainda consequência de uma herança obtida na primeira metade do século XX, quando as exportações agropecuárias os colocaram numa posição privilegiada em relação aos demais. Todavia, nas últimas cinco décadas a decadência econômica nos dois países acelerou-se, levando à deterioração de muitas das conquistas sociais obtidas no passado.

Por fim, o Paraguai possui características que o diferenciam dos demais parceiros do bloco: apresenta PIB *per capita* bem mais baixo, é bem menos urbanizado e tem uma economia baseada principalmente no setor primário e na produção rural tradicional.

Sucessos e fracassos

Desde que foi criado, o Mercosul vem tentando caminhar em duas direções: numa delas, visa ampliar o número de membros e, na outra, aprofundar o relacionamento entre os países que o compõem. Embora em mais de uma década após sua criação o Mercosul não tenha aumentado o número de membros efetivos, o Chile, a Bolívia, o Peru e a Venezuela já mantêm relações especiais com o bloco. Há até mesmo perspectivas da criação de uma Área de Livre Comércio da América do Sul (Alcsa) integrando efetivamente ao bloco o Chile e os países que fazem parte da Comunidade Andina das Nações (CAN), isto é, Peru, Equador, Bolívia, Colômbia e Venezuela.

O Mercosul foi inicialmente criado para ser uma Zona de Livre Comércio, isto é, um tipo de acordo comercial no qual os países envolvidos se comprometem a retirar gradativamente todas as barreiras que dificultem a livre circulação de mercadorias entre eles. Todavia, antes que essa fase fosse completada integralmente – cerca de 10% das mercadorias, por vários motivos, ainda não circulam livremente – os parceiros do Mercosul concordaram, em 1995, em passar para a condição de União Alfandegária. Esse tipo de acordo estabeleceu a adoção pelos quatro países de uma Tarifa Externa Comum (TEC) em seu relacionamento comercial com Estados que não fazem parte do bloco.

O período entre 1991 e 1998 representou a fase de maior sucesso do Mercosul. O comércio intrabloco quase quintuplicou, passando de 4,5 bilhões de dólares para quase 18,5 bilhões de dólares. Vale ressaltar, no entanto, que cerca de 75% das trocas comerciais envolveram apenas o Brasil e a Argentina.

Em 1998, começou a se manifestar uma tendência de declínio no comércio do bloco, tendência esta que se acelerou em 1999, foi parcialmente revertida no ano 2000 e voltou a cair nos dois anos seguintes. Essa situação de crise do bloco foi resultado da combinação negativa de fatores internacionais e intrabloco.

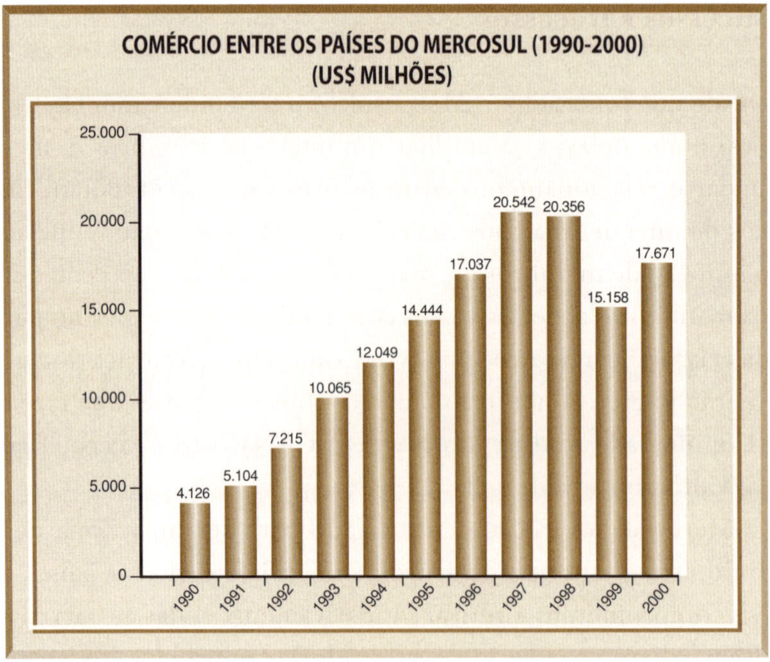

Fonte: *Ministério do Desenvolvimento, Indústria e Comércio Exterior.*

No âmbito internacional, as sucessivas crises financeiras e cambiais que atingiram primeiramente países do sudeste asiático (1997) e, no ano seguinte, a Rússia levaram à diminuição do comércio mundial com reflexos que abalaram as economias dos países do Mercosul.

Com a desvalorização do real em 1999, os produtos brasileiros tornaram-se mais competitivos, ameaçando vários setores econômicos argentinos. Embora o comércio bilateral entre os dois principais sócios do Mercosul permanecesse favorável aos argentinos, em termos absolutos, as trocas comerciais diminuíram consideravelmente.

Fonte: *Ministério do Desenvolvimento, Indústria e Comércio Exterior.*

A situação do bloco tornou-se ainda mais dramática com a profunda crise que atingiu a Argentina em 2001. Uma das causas estruturais dessa crise esteve ligada ao colapso da chamada paridade cambial (1 peso = 1 dólar), sistema de câmbio vigente no país desde 1991 e mantido a todo custo por dez anos. O fim da paridade cambial acelerou ainda mais a crise já vivida pelo país, que passou a enfrentar um quadro de instabilidade política, degradação econômica e dramática situação de caos social.

A fragilidade econômica e política do Mercosul em anos recentes torna incerto o futuro deste bloco econômico.

Parte 2

América do Sul: Visões Panorâmicas

Do ponto de vista geográfico, os países sul-americanos quase sempre são agrupados em duas grandes unidades: os países platinos, que possuem terras drenadas por rios pertencentes à Bacia Platina (Argentina, Brasil, Uruguai e Paraguai), e os países andinos, que possuem terras cortadas pela Cordilheira dos Andes (Chile, Peru, Bolívia, Equador, Colômbia e Venezuela).

As Guianas – região geográfica que compreende a Guiana, o Suriname e a Guiana Francesa –, em razão de sua evolução histórica ser bem diferente da dos demais países sul-americanos, são normalmente consideradas um grupo à parte.

Contudo, se levarmos em conta, além dos aspectos geográficos, alguns traços comuns da evolução política de cada um dos países sul-

-americanos, teremos esta outra forma de agrupamento, chamada de "compartimentação geopolítica da América do Sul":

a) a região *Caribo-Guianense*, formada por Venezuela, Colômbia, Guiana, Suriname e Guiana Francesa;
b) a região *Pacífico-Andina*, formada por Equador, Peru e Chile;
c) a região *interior*, formada por Bolívia e Paraguai;
d) a região *Platino-Atlântica*, formada por Argentina, Uruguai e Brasil.

Além disso, como subregiões importantes teríamos a região *Amazônica*, abrangendo terras do Brasil, Guianas, Venezuela, Colômbia, Peru, Equador e Bolívia; e a região *Andino-Patagônica*, abrangendo a porção meridional da Argentina. A partir daqui, os países da América do Sul serão analisados no contexto de seus compartimentos geopolíticos.

5. À beira do Caribe

A Colômbia e a Venezuela são os dois mais importantes países do norte da América do Sul. Apesar de sua riqueza em petróleo, a Venezuela não conseguiu resolver suas contradições sociais. Na Colômbia o principal problema é o conflito que opõe o governo à guerrilha de esquerda associada ao narcotráfico.

A região Caribo-Guianense, como visto anteriormente, compreende a Colômbia, a Venezuela e as Guianas. A Venezuela e a Colômbia, países com maior extensão territorial e mais importantes do grupo, possuem litoral junto ao Mar do Caribe, através do qual mantêm contato com os centros de comércio mundial. Mas a posição geográfica da Colômbia é ainda mais favorável, já que o oeste do seu território é banhado pelas águas do Oceano Pacífico. Todos os países da região estão próximos do Canal do Panamá e, portanto, beneficiam-se da estratégica ligação entre os oceanos Pacífico e Atlântico.

Em termos geopolíticos, a Venezuela e a Colômbia também se destacam na região Caribo-Guianense. O primeiro país por causa da produção de petróleo, uma das maiores do mundo, e da grave crise política

A REGIÃO CARIBO-GUIANENSE

País	Área (km²)	(milhões de habitantes) 2002	População (US$ milhões) 2000	PIB Renda *per capita* (US$) 2000
Colômbia	1.141.748	43,5	81.283	2.020
Guiana	214.970	0,765	712	860
Suriname	163.820	0,421	846	1.890
Venezuela	912.050	25,1	120.484	4.310

Fontes: *ONU, Banco Mundial e OMC.*

e social vivida nos últimos anos. Já a Colômbia é um dos principais centros mundiais do narcotráfico e palco de uma longa guerra civil entre governo, guerrilhas de esquerda e esquadrões de extrema direita.

Colômbia: narcotráfico e guerrilhas

A Colômbia vem enfrentando há muito tempo dois grandes problemas. O primeiro diz respeito ao avanço do narcotráfico e da força dos grupos a ele ligados. O outro se refere à ação de grupos guerrilheiros de esquerda que pretendem assumir o controle do país. Na última década, a relação entre produtores de droga e guerrilha intensificou-se de tal forma que, na visão de estrategistas militares, a solução do primeiro problema passa necessariamente pela do segundo.

Desde a década de 1980, alguns governos vêm tentando sem sucesso desmanchar esse nó e trazer de volta a paz à nação. Cerca de 30 mil pessoas morreram em quarenta anos de guerra, e mais de 1 milhão delas tiveram que abandonar suas terras nas zonas de conflito.

◆ O poder da droga

Ao longo das últimas décadas, o poder da droga e de seus traficantes transformou a Colômbia no maior fornecedor mundial de cocaína. Em 2000, segundo dados de organismos internacionais, o país alcançou o plantio recorde de mais de 160 mil hectares de folha de coca e o beneficiamento, também inédito, de quase 700 toneladas da droga.

O chamado narcotráfico ganhou importância nos anos 1980, impulsionado pelos grandes cartéis da droga, como os conhecidos cartéis de Cali e de Medellín. Nessa época, o narcotráfico passou a atuar como uma espécie de poder paralelo ao exercido pelo Estado colombiano, criando regras próprias de funcionamento. Os "barões da coca" – como eram chamados os chefes dos cartéis – notabilizaram-se pelo desprezo às instituições colombianas e pela quase destruição de boa parte delas. Acumularam imensas fortunas e levavam um luxuoso estilo de vida que faziam questão de ostentar.

Pressionado pelos Estados Unidos, o maior mercado consumidor da cocaína colombiana, o governo colombiano anunciou, em 1984, a decisão de extraditar os chefões do narcotráfico para julgamento em território norte-americano – uma vez que não havia segurança para a sua realização nos tribunais da Colômbia. Elaborou-se então uma lista de nomes de traficantes que, se fossem presos, seriam mandados aos

Estados Unidos. Em represália, os cartéis de Cali e de Medellín uniram-se e formaram um grupo, *os extraditáveis*, com o objetivo de impedir que seus integrantes fossem mandados àquele país.

Em 1990, o governo colombiano trocou a extradição pela rendição voluntária, e alguns "barões da coca" acenaram com a possibilidade de trégua. Em 1991, o principal chefe do Cartel de Medellín, Pablo Escobar, entregou-se para a polícia. Escobar fugiu da prisão em 1992 e acabou sendo morto no ano seguinte. Em 1995, foram presos os principais chefes do Cartel de Cali.

A derrota dos cartéis representou um duro golpe para o narcotráfico. No entanto, a indústria da droga já possuía múltiplos tentáculos na Colômbia. Assim, não foi surpresa quando, em 1997, o país assumiu a liderança mundial tanto no cultivo da folha de coca (deixando para trás a Bolívia e o Peru) como no beneficiamento da droga. O envolvimento da guerrilha de esquerda e dos paramilitares de extrema direita com produtores e traficantes – que pagavam uma taxa àqueles em troca de proteção – certamente contribuiu para esse incremento espetacular.

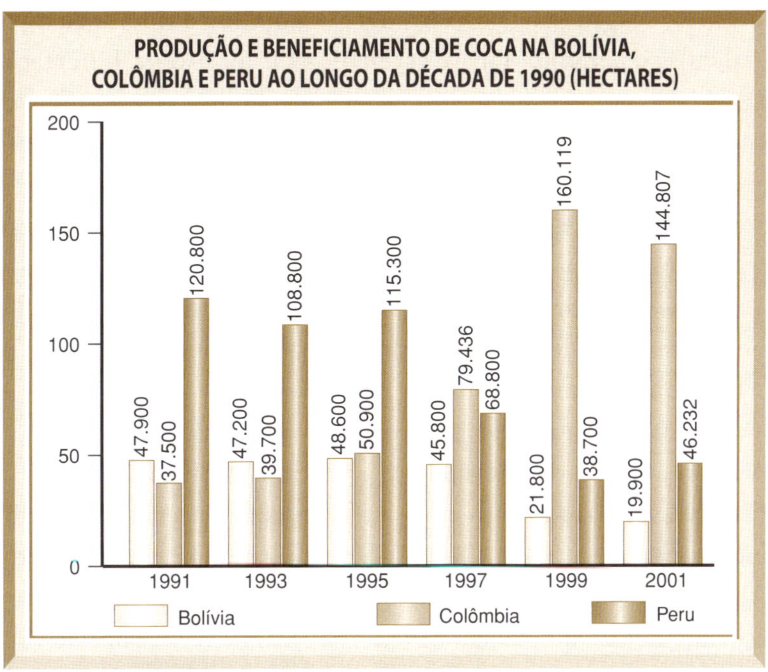

Fonte: *Global Illicit Drug Trends 2002 — ONU.*

◆ A cultura de violência e a guerrilha

O conflito colombiano, envolvendo guerrilheiros de esquerda, forças do governo e paramilitares de extrema direita, é a manifestação mais recente da cultura de violência que acompanha a história desse país. Assim, em 1948, bem antes do avanço da guerrilha e da ação do narcotráfico, ocorreu uma grande revolta popular – chamada de *Bogotazo* ou *La Violencia* –, desencadeada após o assassinato do líder liberal Jorge Gaitán. Aproximadamente 300 mil pessoas morreram em cinco anos da revolta. Durante o levante, milícias liberais refugiaram-se nas montanhas e criaram pequenas "repúblicas independentes" – como a de Marquetalia – para reivindicar a reforma agrária e a democratização do país.

A efervescência desse período resultou, mais tarde, no aparecimento dos movimentos guerrilheiros de esquerda, partidários da implantação de um regime comunista no país. A luta desses grupos foi fortemente estimulada pelo sucesso da Revolução Cubana de 1959.

A organização Forças Armadas Revolucionárias da Colômbia (Farc), atualmente o principal grupo em atividade, com cerca de 17 mil combatentes, surgiu em 1966 em Marquetalia sob a liderança de Manuel Marulanda, o *Tirofijo* (Tiro Certeiro). O Exército de Libertação Nacional (ELN), também atuante nos dias de hoje e que conta em suas fileiras com mais ou menos 5 mil combatentes, foi fundado em 1964 por jovens estudantes influenciados pelo exemplo cubano.

Sentindo-se ameaçados pela guerrilha de esquerda, os proprietários de terra financiaram a criação de "grupos de autodefesa" – acredita-se que com o apoio e até treinamento do Exército. Essas milícias, formadas para proteger as fazendas, logo começaram a espalhar o terror entre os camponeses. Em consequência, milhares deles buscaram refúgio nas cidades, onde passaram a viver precariamente em favelas e cortiços.

A intensa atividade guerrilheira agravou o conflito durante a década de 1970. Nesse período, um novo ator entrou em cena, o Movimento Revolucionário 19 de Abril (M-19), especializado em guerrilha urbana.

A primeira iniciativa efetiva de pacificação do país aconteceu na gestão do presidente Belisario Betancur (1982-1986). O governo abriu negociações com o M-19 e as Farc, assinando um cessar-fogo em 1984. Todavia, essa tentativa acabou fracassando, e a violência retomou seu curso. Essa situação só sofreria mudanças em 1989, quando o M-19 resolveu depor armas.

As motivações da luta armada entraram em crise no final da década de 1980 e início da década seguinte. Contribuíram para essa mudança não só o fim da Guerra Fria e o desaparecimento dos regimes comunistas nos países da Europa Oriental e da própria União Soviética (que davam sustentação ideológica à luta), mas também a crescente democratização das instituições colombianas.

No entanto, frustrando as expectativas, o conflito não enfraqueceu. Pelo contrário, a década de 1990 talvez tenha sido uma das mais sangrentas da guerra civil. As Farc e o ELN ampliaram seu poder e influência, chegando a assumir o controle de aproximadamente 40% do território colombiano.

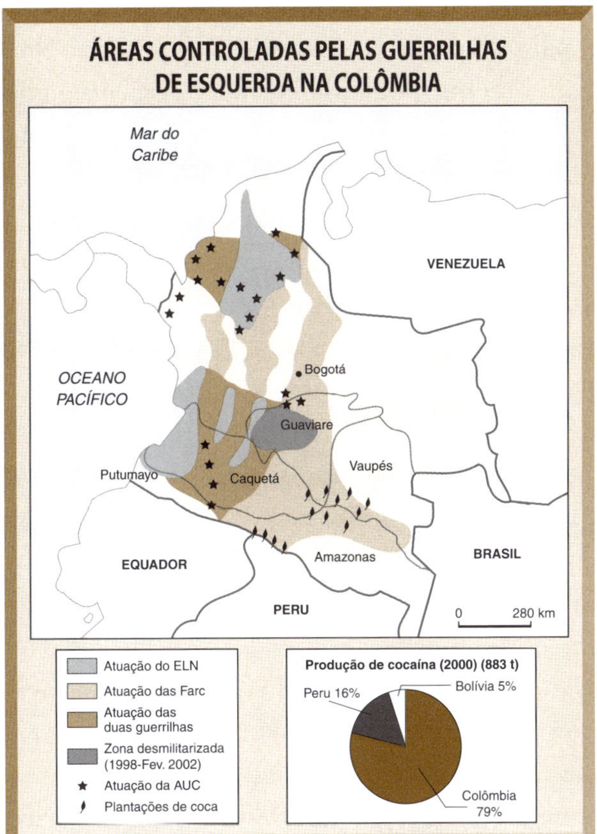

Fontes: *World Drug Report 2001*, *Le Monde Diplomatique* e *Le Monde Hebdomadaire*.

Isso só foi possível porque a guerrilha encontrou novas e valiosas formas de autofinanciamento após a perda de suporte dos governos comunistas. A principal delas foi o narcotráfico, atividade que ganhou enorme importância na Colômbia a partir dos anos 1980, sob o comando dos cartéis da droga. Embora não envolvida na produção, a guerrilha passou a cobrar impostos dos traficantes e plantadores de cocaína instalados em seus domínios. Os sequestros também se tornaram um negócio altamente rentável.

O diálogo com a guerrilha voltou ao centro das prioridades no governo de Andrés Pastrana (1998-2002), eleito com o firme propósito de pacificar a nação. Como condição para o início do processo de paz com as Farc, formalizado em janeiro de 1999, Pastrana retirou o Exército de uma região de 42 mil quilômetros quadrados (equivalente à área da Suíça) no centro-sul do país, entregue ao controle da guerrilha. No entanto, três anos se passaram sem que houvesse qualquer avanço significativo no diálogo. As Farc recusaram-se a assinar o cessar-fogo e prosseguiram com sua ofensiva. O ELN, por sua vez, nem sentou à mesa de negociações diante da recusa do governo em criar uma zona desmilitarizada no norte do país.

Pastrana chegou ao fim de seu mandato bastante desgastado (interna e externamente) pelas excessivas concessões feitas à guerrilha sem obter nada em troca. Em fevereiro de 2002, rompeu definitivamente o processo de paz. O Exército retomou o controle sobre a zona desmilitarizada, mas a guerrilha, agora refugiada na floresta, intensificou a campanha de atentados urbanos e sequestros.

Dois fatores contribuíram para a derrocada do diálogo. Um deles foi o lançamento, em 2000, do Plano Colômbia, a operação antinarcóticos financiada em grande parte pelos Estados Unidos para erradicar o cultivo de coca na Colômbia. O outro foi a escalada da violência praticada pelos paramilitares de extrema direita. Na década de 1990, o principal grupo em atividade foram as Autodefesas Unidas da Colômbia (AUC), organização fundada em 1997 por latifundiários. Organizações de direitos humanos têm responsabilizado as AUC por parcela expressiva dos assassinatos e massacres cometidos no campo.

Nesse cenário, as Farc e o ELN passaram a exigir a desmobilização dessas milícias para reativar o diálogo de paz – o que não ocorreu na gestão de Pastrana. Todavia, em dezembro de 2002, o líder das AUC anunciou um inesperado cessar-fogo.

A ruptura das negociações em ano de eleição presidencial jogou em favor do candidato independente Álvaro Uribe, que conquistou a opinião pública ao defender mais dureza no trato com a insurgência. Em maio de 2002, Uribe venceu o pleito já no primeiro turno, com mais de 53% dos votos.

ALEX WONG/GETTY IMAGES

Presidente colombiano Álvaro Uribe, em entrevista à imprensa, explica ações do governo na luta contra a guerrilha e o narcotráfico (junho de 2002).

As primeiras ações do novo presidente após a posse fizeram jus às suas promessas. Uribe decretou estado de comoção interna e, com base nele, adotou medidas emergenciais para combater a violência. Três departamentos (estados) foram colocados sob controle direto do Exército, e algumas garantias constitucionais, suspensas – como detenções e buscas, que passaram a ocorrer sem mandado judicial. Em outra frente, decidiu aumentar o efetivo das Forças Armadas com o recrutamento de camponeses e ampliou o orçamento da Defesa ao instituir um novo imposto sobre grandes patrimônios.

Em seis meses de governo, Uribe bateu recordes de popularidade, enquanto a oposição e entidades de defesa dos direitos humanos criticavam a supressão de liberdades civis no país e denunciavam seu envolvimento com milícias paramilitares de direita. No plano externo, sua política de mão firme recebeu a aprovação do governo conservador dos Estados Unidos.

◆ Plano Colômbia e a intervenção dos Estados Unidos

Preocupados com a explosão na produção de cocaína, os Estados Unidos decidiram intervir novamente no cenário colombiano. Dessa vez, o envolvimento norte-americano passou a ocorrer no âmbito do Plano Colômbia, lançado por Pastrana em 2000 com o objetivo de erradicar a produção de coca no país.

O plano vem contando com a ajuda decisiva dos Estados Unidos, que fornecem ajuda financeira e em equipamentos e treinamento militar para as Forças Armadas colombianas. Desde então, a Colômbia tornou-se a terceira maior beneficiária da assistência militar norte-americana (depois de Israel e do Egito).

A principal estratégia do Plano Colômbia – fumigação aérea das plantações de coca com herbicidas – começou a dar resultado. Dados da Organização das Nações Unidas (ONU) indicam que a área cultivada caiu de 163.289 hectares, em 2000, para 102.000 hectares, em 2002. Ao mesmo tempo, a ONU faz um alerta para dois efeitos colaterais graves: as fumigações estão destruindo também vastas áreas de cultivo legal, deixando camponeses na miséria; e o decréscimo da produção na Colômbia tem sido compensado pelo aumento das plantações de coca em outros países andinos – Bolívia e Peru.

Analistas da política externa norte-americana afirmam que os interesses de Washington em relação à Colômbia vão muito além do combate ao narcotráfico. Nessa visão, o Plano Colômbia seria a porta de entrada para a presença mais efetiva dos Estados Unidos na estratégica região Amazônica, com suas enormes riquezas hídricas e biodiversidade.

Um sinal concreto dessa estratégia foi dado em 2002, quando o Congresso norte-americano aprovou uma lei permitindo o uso dos recursos do Plano Colômbia na luta contra as guerrilhas de esquerda e os paramilitares de direita – que passaram a ser considerados organizações terroristas e, portanto, alvos da Guerra ao Terror.

Venezuela na encruzilhada

O território venezuelano foi agraciado com as maiores reservas de petróleo fora do Golfo Pérsico. Segundo a agência Energy Information Administration, dos Estados Unidos, o país tem a sua disposição um total de quase 80 bilhões de barris do óleo bruto, perdendo apenas para as petromonarquias do Oriente Médio.

O "ouro negro", descoberto nas primeiras décadas do século XX, transformou rapidamente a Venezuela num dos maiores produtores e exportadores mundiais de petróleo. Membro fundador da Organização dos Países Exportadores de Petróleo (Opep), o país exerce significativa influência nas definições do preço mundial do barril dessa que é a principal matéria-prima energética do mundo contemporâneo.

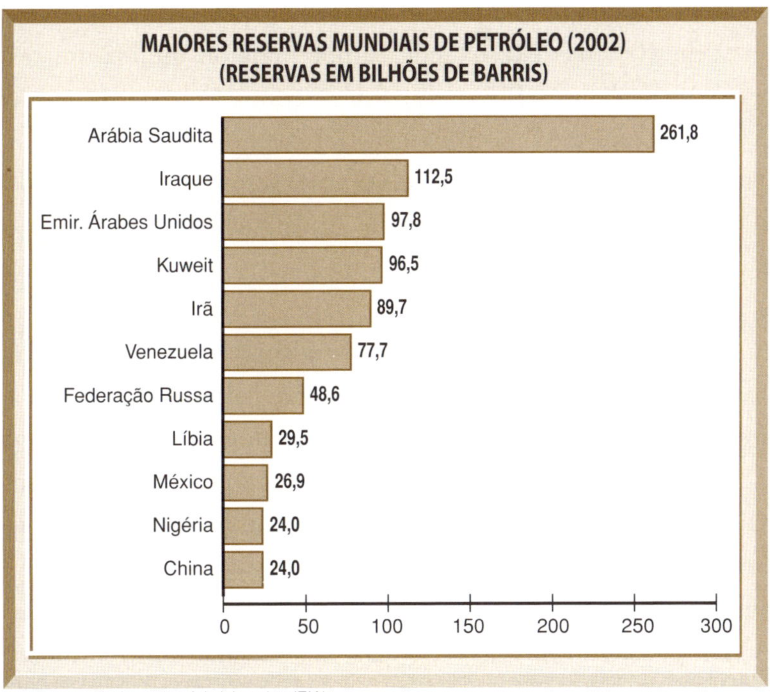

Fonte: *Energy Information Administration (EIA).*

OS MAIORES EXPORTADORES E PRODUTORES MUNDIAIS DE PETRÓLEO

País	Exportação (milhões de barris/dia)	Produção total (milhões de barris/dia)
Arábia Saudita	7,8	9,1
Federação Russa	4,3	6,7
Noruega	3,1	3,3
Venezuela	2,7	3,1
Irã	2,6	3,8

Fonte: *Energy Information Administration (EIA).*

Mas a riqueza gerada pelo petróleo não beneficiou toda a sociedade venezuelana, nem trouxe prosperidade à nação. Por décadas a fio, esses recursos foram dilapidados nas mãos de uma elite política corrupta e pouco comprometida com o desenvolvimento do país. Para completar, a extrema dependência em relação ao petróleo – que responde por cerca de 80% das exportações e por mais ou menos um terço do Produto Interno Bruto (PIB) – tornou a economia bastante vulnerável.

A crise econômica, política e social delineada na década de 1980 adquiriu dimensões preocupantes na década seguinte. Nos últimos anos, o país tem mergulhado num caos de múltiplas facetas: tensão social, miséria, recessão econômica, golpes de Estado, populismo e volta das Forças Armadas ao cenário político.

A situação atual da Venezuela tem vários ingredientes das tradicionais crises latino-americanas. Afinal de contas, outros países da região têm a história marcada por governos corruptos e ineptos, uma economia em frangalhos e graves distorções na distribuição da renda nacional. Essa situação tradicional foi agravada pelas políticas de cunho neoliberal implementadas especialmente ao longo da última década do século XX, as quais afetaram sobremaneira o sistema de governabilidade dos países, particularmente da Venezuela.

A Venezuela tem litígios fronteiriços ainda não resolvidos com países vizinhos. Um deles é uma antiga reivindicação territorial de uma área que está sob a soberania da República da Guiana. Trata-se da porção oeste da antiga Guiana Inglesa, o território de Essequibo, com aproximadamente 130 mil quilômetros quadrados. Nas últimas décadas, em vários momentos, os venezuelanos chegaram a acenar com o uso da força para tentar resolver o problema. Há também uma antiga disputa territorial com a Colômbia a respeito dos limites entre os dois países junto ao Golfo da Venezuela.

Nadando em petróleo

Até a década de 1920, a Venezuela era um país pobre e agrícola. Apenas as culturas de exportação – café e cacau – traziam divisas para a economia, fortemente dominada pelos grandes proprietários de terras. Nessa época, com a descoberta de jazidas de petróleo na região do Lago Maracaibo e no litoral caribenho, a Venezuela ingressou numa nova fase.

As grandes transnacionais petrolíferas entraram na Venezuela – atraídas por uma série de benefícios e isenções fiscais – e modificaram profundamente o perfil econômico do país. No fim da Segunda Guerra Mundial, a Venezuela havia se tornado uma das nações mais ricas da América Latina e ostentava uma renda *per capita* superior à de muitas economias desenvolvidas.

O país chegou ao auge de sua prosperidade nos anos 1970, com os choques nos preços do petróleo (1973 e 1979). A opulência econômica veio acompanhada pela estabilidade democrática.

Ainda na década de 1970, aproveitando-se da renda obtida com o petróleo, o governo começou a investir em outras atividades para diversificar a economia. Em vez de estimular a iniciativa privada, tomou para si as rédeas do processo e tornou-se o maior agente da economia venezuelana. A indústria petrolífera foi nacionalizada em 1975, encerrando a longa disputa com as transnacionais, que vinham perdendo privilégios desde os anos 1940.

O governo também criou gigantescas estatais mineradoras (ferro e alumínio), agroalimentares, de cimento, de papel, de transportes e de geração de eletricidade. Além disso, investiu em megaprojetos, bancou uma custosa reforma agrária e passou a subsidiar quase todas as atividades privadas. No início dos anos 1980, as empresas estatais contribuíam com 40% do Produto Nacional Bruto (PNB) e 90% das exportações.

Enquanto o dinheiro fácil obtido com o petróleo jorrava nos cofres públicos, a engrenagem montada conseguiu se autofinanciar. Nos anos 1980, porém, a queda dos preços do petróleo evidenciou as fragilidades do modelo adotado. E se a baixa do petróleo minou recursos, a corrupção generalizada também fez a sua parte.

O governo começou então a gastar mais do que arrecadava para dar conta dos compromissos assumidos. Em uma década – 1979 a 1989 – a dívida pública saltou de 1 bilhão de dólares para 25 bilhões de dólares. A indústria nacional, acostumada com as proteções tarifárias e os subsídios governamentais, perdeu competitividade no exterior por causa do corte de verbas. As consequências do revés no mercado petrolífero revelaram-se desastrosas para a economia, que cresceu a uma média anual de apenas 1% ao longo da década de 1980 – contra 3,7% entre 1965 e 1980.

As camadas mais pobres da população, negligenciadas por sucessivos governos mesmo nos tempos áureos, sentiram na pele a escalada do desemprego e da inflação. Ao mesmo tempo, o acelerado ritmo de urbanização criou bolsões de pobreza nas principais cidades, com explosão da violência e saturação dos precários sistemas de saúde e educação.

A primeira grande revolta popular, o *Caracazo*, eclodiu na capital em 1989, deixando de quinhentos (segundo o governo) a dois mil mortos (de acordo com fontes não-oficiais). O estopim foi a dura política de ajuste estrutural adotada pelo recém-empossado presidente, Carlos Andrés Pérez, sob imposição do Fundo Monetário Internacional (FMI).

O levante converteu-se num marco na história recente da Venezuela: enterrou definitivamente o modelo de desenvolvimento baseado na renda petrolífera e no intervencionismo estatal e evidenciou a intensidade da crise. Nos anos 1990, a situação venezuelana agravou-se e os governos democraticamente eleitos sobreviveram a duas tentativas de golpe militar em 1992.

Chávez e a "Revolução Bolivariana"

O coronel Hugo Chávez, um dos líderes do primeiro golpe militar, rendeu-se ao jogo democrático e chegou ao poder, em 1998, não pela força das armas, mas das urnas. Na eleição presidencial daquele ano, Chávez conquistou 56% dos votos ao prometer uma revolução no país.

Seu discurso populista e nacionalista atendia aos anseios do povo. Falava em acabar com a pobreza, varrer a corrupção e afastar do poder a velha elite econômica e política da Venezuela. Com a popularidade nas alturas (80% de aprovação), Chávez deslanchou com facilidade sua "Revolução Bolivariana" – assim chamada em homenagem a Simón Bolívar, líder da independência venezuelana.

Numa iniciativa polêmica, convocou um plebiscito em abril de 1999, que aprovou a criação de uma Assembleia Nacional Constituinte. A nova Constituição, promulgada no final do mesmo ano, mudou o nome do país para República Bolivariana da Venezuela e fez alterações de peso nas insti-

KIMBERLY WHITE/REUTERS-NEWSCOM

O presidente venezuelano Hugo Chávez saúda correligionários em comício (junho de 2002).

tuições políticas – como a extinção do Senado e a ampliação do mandato presidencial de cinco para seis anos com direito a re-eleição.

O primeiro beneficiário das mudanças foi o próprio Chávez, que venceu com folga a nova eleição presidencial ocorrida em julho de 2000. Com isso, assegurou constitucionalmente sua permanência na presidência até 2006.

Mas a lua-de-mel de Chávez com o poder não durou muito tempo. Isso porque a "Revolução Bolivariana" desagradou profundamente os segmentos mais abastados da sociedade, contrários às medidas populistas e abertamente esquerdistas do novo presidente. A oposição ao governo cristalizou-se em algumas entidades: a Fedecámaras, principal associação empresarial; a Confederação dos Trabalhadores da Venezuela (CTV), a mais importante central sindical; e a Coordenação Democrática, que reúne os partidos políticos e movimentos civis. Dois outros setores, a grande imprensa e a Igreja Católica, também se destacam pela firme campanha antichavista.

Se for possível estabelecer alguma data para a virada, essa seria novembro de 2001, quando Chávez anunciou um pacote de leis controversas: expropriação de latifúndios improdutivos, limitação da pesca industrial e novos impostos sobre transações bancárias e terras inexploradas.

Em protesto contra as reformas econômicas, denunciadas como "atentados à propriedade privada", a Fedecámaras organizou em dezembro de 2001 uma greve geral sem precedentes, com o apoio da CTV. Meses depois, em fevereiro de 2002, Chávez direcionou suas ações para a estatal Petroleos de Venezuela S. A. (PDVSA), que monopoliza a produção de petroleo no país. Numa tentativa de assumir o controle da empresa, o presidente demitiu toda a diretoria e colocou no lugar aliados de seu grupo político.

A intervenção precipitou uma reação em cascata, levando ao golpe de Estado que afastou Chávez do poder por apenas dois dias. Em 9 de abril de 2002 a Fedecámaras e a CTV decretaram greve geral em apoio aos protestos dos funcionários da PDVSA. Ao mesmo tempo, violentos choques nas ruas de Caracas entre partidários e opositores de Chávez deixaram dezoito mortos.

Com o país em clima de guerra civil, uma ala da cúpula militar entrou em cena para pedir a saída de Chávez. A renúncia de Chávez foi anunciada no dia 12, e o líder da Fedecámaras assumiu o posto. No entanto, as primeiras medidas do novo governo revelaram tamanha inabilidade política que os militares decidiram trazer Hugo Chávez de volta.

Contribuíram também para isso as pressões da comunidade internacional e a força das manifestações de apoio ao governo deposto de Chávez. No dia 14, Chávez retornou à presidência. Em tom conciliatório, convidou a sociedade para um "diálogo nacional".

Num país claramente dividido entre defensores de Chávez e opositores a ele, a Organização dos Estados Americanos (OEA) assumiu a mediação das negociações entre governo e oposição. Foi até criado um fórum especial, o Grupo de Países Amigos da Venezuela, mas o diálogo não avançou desde então. Pelo contrário, a oposição prosseguiu com a campanha contra o governo, agora pela via constitucional.

Em dezembro de 2002, a oposição organizou nova greve geral para pedir a renúncia de Chávez. A paralisação arrastou-se por dois meses e fez estra-

LYNSEY ADDARIO/CORBIS-STOCK PHOTOS

Manifestantes opositores ao governo de Hugo Chávez exigem sua renúncia em dezembro de 2002.

gos como nenhuma das anteriores. Isso porque o foco foi a indústria petroleira, mais precisamente a PDVSA, o coração da economia venezuelana.

Nas primeiras semanas de greve a produção de barris/dia caiu de 3 milhões para 150 mil, causando enormes prejuízos ao país. Em outra frente, a oposição vem reivindicando a realização de um referendo para a redução do mandato de Chávez.

As principais bases de sustentação do presidente também estão fragilizadas. A "Revolução Bolivariana" de Chávez teve pouquíssimo impacto nas condições de vida das camadas mais pobres da população, que continuam a sofrer com o alastramento da miséria (70% estão abaixo da linha da pobreza) e com o aumento do desemprego (superior a 20% em 2002).

As reviravoltas na política interna venezuelana comprovam que, apesar da riqueza gerada pela exploração do petróleo, o país não conseguiu resolver seus graves problemas sociais, colocando em risco sua governabilidade.

O braço de ferro com os EUA

A retórica combativa do presidente Hugo Chávez alimentou fortes hostilidades não apenas dentro do país. No cenário externo, o líder populista bateu de frente com os Estados Unidos, o maior cliente do petróleo venezuelano.

Desafiando a Casa Branca, Chávez aproximou-se do líder cubano Fidel Castro, reforçando o coro contrário à "ditadura dos mercados financeiros" e à globalização, vista como o "caminho do inferno". As relações com os Estados Unidos chegariam num ponto crítico após os ataques terroristas de 11 de setembro de 2001, quando Chávez condenou os bombardeios norte-americanos ao Afeganistão, acusando a administração Bush de "combater o terror com o terror". Também há indícios do envolvimento de Chávez com a guerrilha colombiana (Farc), à qual supostamente daria suporte.

O governo norte-americano, por sua vez, nunca fez a menor questão de disfarçar sua antipatia pelo líder populista venezuelano. Comenta-se, aliás, o apoio velado de Washington ao golpe contra Chávez, em abril de 2002.

6. Do oceano à cordilheira

Apesar de aspectos geográficos e históricos similares, o Equador, o Peru e o Chile tiveram recentemente uma evolução econômica bem diversa. Enquanto os dois primeiros vivem crises constantes, o Chile apresenta-se economicamente como uma espécie de "tigre" latino-americano.

A região Pacífico-Andina compreende o Equador, o Peru e o Chile. Os três países possuem em comum o fato de serem banhados pelo Pacífico e cortados pela Cordilheira dos Andes. Mas essa relativa similaridade nos aspectos naturais não é a única semelhança entre eles.

Assim, por exemplo, do ponto de vista histórico e político, os três países tiveram nos anos 1960 e 1970 governos que desafiaram a hegemonia política regional dos Estados Unidos. Como exemplos podem ser citados o caso do governo populista de Velasco Ibarra no Equador e o da chamada "Revolução Peruana", uma experiência original vivida pelo país entre 1968 e 1975.

Todavia, o maior destaque fica por conta do Chile, onde os socialistas chegaram ao poder em 1970 pela via democrática. No entanto, a

experiência, inédita na América, foi interrompida pelo golpe de Estado de 1973, com o apoio dos Estados Unidos.

Outra característica marcante na região foi a existência, em maior ou menor grau, de movimentos guerrilheiros de esquerda. O mais importante desses movimentos foi o Sendero Luminoso, que atuou de forma destacada no Peru ao longo dos anos 1980 e início da década seguinte.

Existem também alguns problemas de definição de fronteiras ainda não totalmente resolvidos na região Pacífico-Andina. Assim, o Equador e o Peru já entraram em guerra mais de uma vez pela posse da região conhecida como Cordilheira de Condor, que dá acesso à Bacia Amazônica. Os dois países enfrentaram-se no início dos anos 1940, em 1981 e em

1995. Após esse último confronto armado foi acertado um cessar-fogo que levou à assinatura de um acordo final de paz em 1998. O documento atendeu às reivindicações fronteiriças do Peru, mas garantiu ao Equador o direito de navegação e comércio no Amazonas e seus afluentes.

Quanto ao Chile, cabe assinalar dois litígios fronteiriços com seus vizinhos. Um deles diz respeito à fronteira norte, onde os bolivianos reclamam a sua antiga faixa de acesso ao Pacífico, perdida durante a Guerra do Pacífico (1879-1884). O outro se refere à posse de três pequenas ilhas (Picton, Lennox e Nueva), no extremo sul, junto ao Canal de Beagle, que também eram reivindicadas pela Argentina. Os dois países por pouco não chegaram a um conflito armado no final dos anos 1970 e início dos anos 1980.

Equador em efervescência

Instabilidade talvez seja a melhor palavra para definir o Equador. Impossível não associar a constante ameaça representada pelos vulcões ao redor de Quito, a capital situada no coração dos Andes, com o cenário político, econômico e social do país. As catastróficas enchentes decorrentes do fenômeno climático El Niño, no final dos anos 1990, só vêm reforçar a ideia de que até a natureza tem sido impiedosa com o país.

A própria divisão geográfica do território em três áreas bem definidas – a região Amazônica ou selva (leste), a Cordilheira dos Andes ou *sierra* (centro) e a porção litorânea ou costa do Pacífico (oeste) – é fonte de tensão interna. A tradicional rivalidade entre as elites conservadoras do altiplano (onde se situa a capital, Quito) e as elites mais liberais da região do litoral (onde se localiza Guaiaquil, a principal cidade e maior porto do país) é um dos aspectos que ajudam a explicar a turbulenta história política a partir do século XIX.

Entre 1830 e 1925 o país teve cerca de quarenta governos diferentes. No breve período de 1925 a 1940 foram 22 chefes de Estado, incluindo o líder populista José María Velasco Ibarra, que dominou o cenário político equatoriano até 1972, quando um golpe militar o depôs pela quarta e última vez. A democratização, iniciada nos anos 1980, não tem sido fácil. Basta dizer que nos anos 1990 dois presidentes foram destituídos em meio à fúria da população, de parlamentares e até das Forças Armadas.

O pano de fundo da reviravolta política é a decadência econômica. Embora o país seja o maior exportador de banana do mundo – e também grande produtor de cacau e café –, os bons tempos de prosperidade com a venda de bens primários ficaram para trás. Isso foi em meados do século XX.

Mais tarde, na década de 1970, o Equador embarcou em novo ciclo de expansão, propiciado pela exploração de petróleo na região Amazônica. Até então essencialmente agrária, a economia progrediu e se modernizou. Mas a euforia do "ouro negro" durou pouco. Com a queda mundial nos preços do produto, nos anos 1980, o Equador entrou em recessão. A alta da inflação, o constante aumento das tarifas públicas e a escalada do desemprego nos anos 1990 tornaram ainda mais sofrido o cotidiano de índios e mestiços, que perfazem 80% da população.

Na virada de 1999 para 2000, o Equador enfrentou um dos piores momentos de sua história. Greves e violentos protestos indígenas contra a política econômica tomaram as ruas da capital, ao mesmo tempo que a crise financeira se instalava, com a desvalorização abrupta do sucre – a moeda nacional.

Foi então que o presidente Jamil Mahuad decidiu, em janeiro de 2000, dolarizar a moeda, isto é, instituir o dólar como a moeda nacional. Seu governo não sobreviveu à crise e foi destituído logo em seguida. Mas a medida permaneceu. Com isso, o Equador tornou-se o primeiro país sul-americano a adotar oficialmente a moeda norte-americana. A expectativa é de que a dolarização mate a inflação e traga estabilidade à economia – o que não havia ainda ocorrido nos três anos subsequentes à medida.

O atual presidente do Equador, o tenente-coronel Lucio Gutiérrez, comandou a rebelião cívico-militar que depôs Mahuad em 2000. Nas eleições de novembro de 2002, o líder golpista apresentou-se como o "candidato dos pobres" e cativou a comunidade indígena com a promessa de acabar com a corrupção e lutar por justiça social. A falta de experiência e sustentação política, aliada aos graves problemas do país, lança, porém, uma grande dúvida sobre o sucesso de sua gestão. A posse de Gutiérrez, em janeiro de 2003, reforçou a onda esquerdista que tem varrido a América Latina nos últimos anos, representada pelas eleições de Hugo Chávez na Venezuela (1998) e de Lula no Brasil (2002) e pela surpreendente votação recebida pelo líder indígena e "cocalero", Evo Morales, na Bolívia (2002).

Peru: as guerrilhas e a era Fujimori

Na virada da década de 1980 para a de 1990, a guerra interna parecia apenas uma questão de tempo no Peru. As ações terroristas do movimento Sendero Luminoso eram tão frequentes que se temia a tomada do poder pela guerrilha. Coincidência ou não, a escalada da luta armada ocorreu durante o desastroso governo de Alan García (1985-1990). A aguda crise econômica, associada à violência política, semeou o terreno para o autoritarismo, personificado em Alberto Fujimori.

Seu longo governo (1990-2000) neutralizou a guerrilha, mas terminou, de forma abrupta, com um grave escândalo de corrupção. Apesar da turbulência, a democracia sobreviveu a essa prova de fogo. Todavia, a pesada herança deixada por Fujimori – aumento da pobreza, do desemprego e alastramento das tensões sociais – permanece quase intocada, comprometendo o futuro do país.

◆ Luta armada, narcotráfico e caos econômico

O movimento guerrilheiro no Peru foi um dos mais violentos em toda a América Latina. O protagonista central, o grupo maoísta Sendero Luminoso, recrutou seu exército nos altiplanos e vales dos Andes peruanos, habitados por uma massa miserável e desiludida de camponeses indígenas. Inicialmente restrito à região de Ayacucho, onde nasceu primeiro como um partido político em 1970, o Sendero espalhou-se por uma vasta área do território nacional.

Em 1980, seu líder, Abimael Guzmán, partiu para a luta armada com o objetivo de derrubar o governo e implantar o comunismo. E, nessa empreitada, uniu-se ao Movimento Revolucionário Tupac Amaru (MRTA), a segunda maior organização guerrilheira do país.

Para fazer frente aos atentados do Sendero, o governo proclamou estado de emergência em cerca de vinte províncias em 1982 e mobilizou o Exército no combate à guerrilha. Começava assim uma das fases mais sangrentas da história peruana.

A guerra aberta entre rebeldes e forças do governo no campo liquidou integrantes dos dois lados, além de vitimar civis inocentes nos vilarejos – assassinados pelo Exército sob acusação de pertencer ao Sendero ou massacrados pelos rebeldes quando se recusavam pegar em armas. De acordo com a Comissão de Verdade e Conciliação do Peru, entre 1980 e 2000, cerca de 30 mil peruanos morreram e outros 6 mil desapareceram durante o conflito.

O Sendero mudou de estratégia no final dos anos 1980 e intensificou a guerrilha urbana, promovendo uma série de ações terroristas nas duas principais cidades do país: Lima, a capital, e Callao, o maior porto.

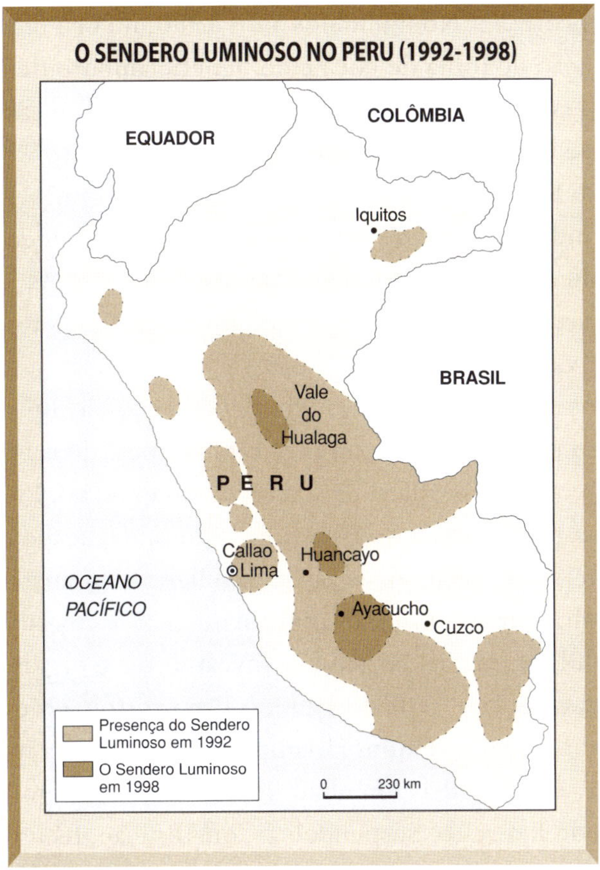

Fonte: *Mondes Rebelles*, p. 149.

Com 25 mil integrantes (5 mil deles combatentes profissionais), o Sendero vivia seu apogeu.

Nessa época, a guerrilha não era o único fator a alimentar a instabilidade interna do país. Após cinco anos de gestão Alan García (1985-1990), a situação do Peru estava um caos. O primeiro grande tropeço aconteceu logo no início do seu mandato, quando decretou a moratória da dívida externa, afastando do país os investidores estrangeiros.

Isolado, o Peru viu sua economia encolher dramaticamente. Em 1990, a inflação rondava 7.600% ao ano. Uma das únicas atividades que caminhavam de vento em popa era o narcotráfico, impulsionado pela aliança entre rebeldes e traficantes – que pagavam uma taxa ao Sendero em troca de proteção. No início dos anos 1990, o Peru era o líder mundial na produção de folha de coca e no beneficiamento de cocaína.

Foi num cenário de grande instabilidade política e caos econômico e social que se realizaram as eleições presidenciais em 1990. O resultado da votação foi uma surpresa. O povo apostou em Alberto Fujimori, um político independente de origem japonesa, praticamente desconhecido do público até poucas semanas antes do pleito. As promessas de derrotar a guerrilha e a hiperinflação e de acabar com a corrupção lhe garantiram a vitória.

Logo nos primeiros meses, Fujimori começou a cumprir suas promessas de campanha. Lançou um programa radical de reformas liberais que abriu a economia peruana para o mercado externo. Privatizou estatais, reduziu a participação do Estado na economia, acabou com os subsídios e manejou os recursos e gastos públicos com austeridade. Com isso, conseguiu domar a inflação (em torno de 4% em 2000) e recuperar a credibilidade do país perante os investidores e organismos estrangeiros. Na metade da década de 1990, o Peru voltou a crescer.

Ao mesmo tempo, Fujimori violou o jogo democrático em nome da luta contra a guerrilha. Em abril de 1992, deu um golpe de Estado com o apoio do Exército. Suspendeu a Constituição, fechou o Congresso e exonerou toda a Suprema Corte, alegando que as duas instituições estavam atrapalhando a política antiterror.

Assumiu, dessa maneira, prerrogativas de ditador e deu plenos poderes ao Exército na repressão à guerrilha. Nomeou oficiais das Forças Armadas para postos de polícia; colocou novas áreas do território sob estado de emergência, de forma que garantisse a livre atuação do Exército; e reativou o serviço de inteligência, dedicado à caça de rebeldes.

Fujimori obteve sua maior vitória em setembro de 1992, quando Abimael Guzmán, o chefão do Sendero Luminoso, foi capturado em Lima e condenado à prisão perpétua. A organização não conseguiu sobreviver ao cerco das forças de segurança e à ausência de seu líder.

Seus principais integrantes também acabaram presos, e mais de 6 mil rebeldes entregaram-se às autoridades em 1994 em um programa de anistia. Em outubro do ano anterior, Guzmán havia pedido o fim da luta armada e a abertura de negociações com o governo, reduzindo o movimento a uma pequena facção baseada no leste do território.

BALAGUER ALEJANDRO/CORBIS-STOCK PHOTOS

Abimael Guzmán, líder do grupo Sendero Luminoso, é apresentado à imprensa internacional (setembro de 1992).

Fujimori reforçou sua imagem na luta contra o terrorismo em abril de 1997 ao liderar ele mesmo a arriscada operação militar que encerrou os quatro meses de cerco à embaixada do Japão em Lima pelo MRTA. Os reféns foram libertados com vida (exceto um deles), e todos os guerrilheiros, mortos.

A crescente pressão interna e externa pela restauração da democracia levou Fujimori a convocar eleições gerais em 1995. Apoiado em altos índices de aprovação, o dirigente conquistou com folga mais um mandato de cinco anos na presidência, e sua coalizão partidária obteve a maioria absoluta no novo Congresso.

O fim da era Fujimori

A maioria dos peruanos enxergava o autoritarismo de Fujimori como o mal necessário para o fim da guerra civil e da crise econômica.

No entanto, as vozes contrárias ao regime ganharam uma força inédita com a proximidade das eleições presidenciais de 2000.

Determinado a concorrer a um terceiro mandato, Fujimori demitiu juízes e passou por cima de adversários políticos que reiteravam a ilegalidade de mais uma candidatura. Diferentemente de outras épocas, os métodos arbitrários do ditador suscitaram uma reação jamais vista, com a renúncia de oficiais da comissão eleitoral, abaixo-assinados e manifestações da oposição.

Mesmo assim, Fujimori disputou a eleição. Mas seu adversário, Alejandro Toledo, um economista de carreira internacional, boicotou o segundo turno alegando fraude e falta de transparência no processo eleitoral. Com isso, Fujimori venceu como candidato único, sob violentos protestos liderados por Toledo e críticas da OEA.

Em setembro de 2000, um escândalo de corrupção atingiu o braço direito de Fujimori e chefe do serviço de inteligência, Vladimiro Montesinos. Uma fita de vídeo mostrou Montesinos subornando um deputado da oposição, e assim os peruanos puderam comprovar os maus hábitos políticos do governo.

Em outros tempos, o presidente contornaria a situação sem maiores sobressaltos. Mas, como sua credibilidade doméstica e internacional estava em queda livre, Fujimori decidiu convocar novas eleições para meados de 2001.

Em novembro de 2000, aproveitando uma viagem à Ásia, Fujimori fez uma escala inesperada no Japão e de lá renunciou à presidência. O Congresso ignorou a carta-renúncia e aprovou a destituição por "incapacidade moral permanente".

Pressentindo o pior, Fujimori abandonou o barco na hora certa. Se ficasse no Peru, provavelmente estaria atrás das grades com Montesinos – preso na Venezuela em junho de 2001 e entregue às autoridades peruanas. A Justiça vem tentando, sem sucesso, trazer Fujimori de volta ao Peru, onde se avolumam processos contra ele. Mas o governo do Japão recusa-se a extraditá-lo por ele possuir cidadania japonesa.

As falcatruas da era Fujimori têm sido reveladas pouco a pouco. Era muito comum em seu governo o suborno de políticos, empresários, chefões da mídia, militares ou qualquer outra pessoa útil ao governo. Montesinos chegou a montar uma máfia que funcionava como um poder paralelo e acumulou uma fortuna com o tráfico de drogas e de armas. A lista de acusações também inclui violações aos direitos humanos.

Fujimori teve o mérito de derrotar a guerrilha, acabar com a hiperinflação e inserir novamente o Peru na comunidade financeira internacional. Ao mesmo tempo, seu governo deixou sequelas, a começar pelas instituições políticas – comprometidas após uma década de práticas autoritárias e corrupção generalizada – e pelas Forças Armadas – que ganharam influência e poder. Dessa forma, não é exagero dizer que a década de 1990 foi quase uma "década perdida" para a democracia peruana.

Durante a era Fujimori a miséria e as desigualdades ampliaram-se no país. Nada ou quase nada foi feito para melhorar as péssimas condições de vida dos cerca de 20 milhões de índios e mestiços, que representam algo em torno de 80% da população. Mais de 40% dos peruanos situam-se abaixo da linha de pobreza. Cerca de 25% da força de trabalho sobrevive na informalidade.

Essa foi a situação encontrada por Alejandro Toledo em 2001, após vencer as eleições presidenciais. O respaldo popular obtido por Toledo revelou a identificação dos peruanos com um candidato de origem indígena e a esperança de que o novo dirigente pudesse finalmente trazer justiça social ao país.

Os dois primeiros anos de seu mandato, no entanto, foram bastante difíceis. A falta de resultados concretos provocou greves e violentas manifestações em todo o país. Para controlar a situação, Toledo decretou estado de emergência mais de uma vez, colocando o Exército nas ruas. Além disso, a guerrilha está ressurgindo aos poucos por causa do relaxamento das leis de segurança, e a produção de coca voltou a crescer para suprir o declínio ocorrido na Colômbia (ver capítulo "À beira do Caribe"). No início do século XXI, o futuro do Peru parecia pouco promissor.

GARMEDIA/BIOSFERA/CORBIS SYGMA-STOCK PHOTOS

Alejandro Toledo assumiu a presidência do Peru após a era Fujimori.

Chile: a herança de Pinochet

Após três décadas com Augusto Pinochet no centro da vida política, o Chile começa a se livrar da influência do ex-ditador. Em 2002, com mais de 80 anos, Pinochet renunciou ao cargo de senador vitalício, depois de escapar por pouco de julgamentos por crimes contra a humanidade.

Desmoralizado e com a saúde debilitada, Pinochet rompia nesse momento o último vínculo efetivo com as instâncias de poder. Saía assim de cena uma das figuras mais controversas da história contemporânea chilena, idolatrada por alguns e odiada por tantos outros.

As vozes contrárias não perdoam a supressão das liberdades civis e políticas e a brutal repressão desencadeada durante seu longo governo ditatorial (1973-1990), ao passo que os admiradores do ex-ditador preferem salientar os indiscutíveis avanços ocorridos na economia, com a conquista da estabilidade e a retomada do crescimento.

A democratização do país, consolidada na década de 1990, foi acompanhada do milagre econômico. O PIB expandiu-se a uma média invejável

BETTMANN/CORBIS-STOCK PHOTOS

ABILIO LOPE/CORBIS-STOCK PHOTOS

O ex-ditador chileno Augusto Pinochet em dois momentos: logo após o golpe militar de 1973 e em 1998, quando foi acusado por crimes cometidos durante sua ditadura.

de mais de 7% ao ano, e o Chile ganhou credibilidade no mercado externo. Na virada do século XXI, enquanto as nações vizinhas afundavam em graves crises financeiras, o Chile era um oásis de estabilidade na América do Sul e estreitava laços comerciais com os Estados Unidos e a União Europeia, além do Mercado Comum do Sul (Mercosul).

A curta experiência socialista

O golpe de Estado liderado por Pinochet em 1973 encerrou, de forma abrupta, o primeiro governo de esquerda que havia chegado ao poder pela via democrática na América. Em 1970, os partidos de esquerda chilenos, agrupados num movimento político chamado "Unidade Popular", venceram as eleições, e o socialista Salvador Allende tornou-se presidente.

O novo governo liquidou monopólios nacionais e estrangeiros e nacionalizou as minas e as empresas mineradoras de cobre, a principal riqueza do país. Além disso, quase todo o sistema bancário foi estatizado, assim como grandes indústrias têxteis, siderúrgicas e de salitre, entre outras. No campo, a reforma agrária ganhou impulso com a expropriação das grandes fazendas e a criação de cooperativas agrícolas.

O programa estatizante de Allende mexeu muito com os interesses dos Estados Unidos e, internamente, esbarrou na dura oposição do Congresso e da elite – latifundiários, financistas e industriais. Com o apoio de Washington, foi então montado um acirrado boicote ao governo de Allende.

O presidente chileno Salvador Allende discursa pouco antes de ser derrubado por um golpe militar, em 1973.

Embora a situação caminhasse para um ponto de rompimento, o Chile orgulhava-se de ser um dos raros Estados efetivamente democráticos da América do Sul, e a sociedade confiava no não-intervencionismo das Forças Armadas, tradicionalmente consideradas apolíticas e profissionalizadas.

No entanto, as pressões mostraram-se tão fortes que, em setembro de 1973, uma junta militar chefiada por Pinochet depôs Allende. Na sequência, fechou o Congresso, baniu os partidos políticos e suspendeu a Constituição.

A ditadura de Pinochet foi uma das mais violentas da América do Sul. Nas semanas seguintes ao golpe, as forças de segurança assassinaram mais de 3 mil pessoas. Ao longo de toda a era Pinochet, as torturas, os fuzilamentos e outras violações aos direitos humanos tornaram-se regra.

BETTMANN/CORBIS-STOCK PHOTOS

Vista aérea do Palácio de La Moneda, sede do governo chileno, após sua tomada pelos golpistas.

No plano econômico, Pinochet estava determinado a fazer do Chile uma nação de "empreendedores" e não de "proletários". Com o apoio da oligarquia e da classe média, implantou reformas neoliberais baseadas no livre mercado. As empresas transnacionais estatizadas por Allende voltaram para seus antigos donos, e as barreiras comerciais foram reduzidas para estimular as importações e exportações.

A inflação, que rondava 150% ao ano em 1973, caiu para menos de 10%. Em 1981, quando uma nova Constituição entrou em vigor, o país vivia o seu apogeu econômico. Nos anos seguintes, porém, o Chile ingressou num período recessivo, com o aumento do desemprego e das disparidades sociais.

Diante da ausência de qualquer oposição oficial ao regime, a Igreja Católica assumiu um papel crítico de destaque nos anos 1980, e o movimento pela abertura política começou a tomar forma. Nessa época, também surgiu a Frente Patriótica Manoel Rodríguez, espécie de braço armado do proscrito Partido Comunista, que cometeu atentados contra alvos militares e prédios do governo.

O aumento das pressões internas e externas levou Pinochet a fazer, ainda que timidamente, reformas no sistema político. No final de 1988, o ditador decidiu realizar um plebiscito para saber se o povo queria ou não a continuidade do regime militar. O surpreendente triunfo do "não" forçou a junta a convocar eleições livres para o ano seguinte. O candidato da oposição, o democrata-cristão Patricio Aylwin, venceu o pleito e assumiu a presidência em 1990.

◆ Democratização e sombras do passado

O país retornou à vida constitucional, porém não conquistou a democracia plena. Ao longo de toda a década de 1990, Pinochet manteve sua presença marcante nas principais instâncias de poder, sob o amparo da Constituição de 1981. O ex-ditador continuou como comandante do Exército até março de 1998, quando deixou o posto para assumir uma cadeira vitalícia no Senado.

No final do ano, uma surpresa: Pinochet foi detido em Londres (Reino Unido), onde fazia um tratamento médico. O pedido partiu da Justiça espanhola, que pretendia extraditá-lo para um tribunal internacional para julgá-lo por crimes contra a humanidade cometidos durante a ditadura.

No Chile, a inesperada detenção mobilizou a sociedade em inflamados protestos pró e contra o ex-ditador e exigiu do governo do presidente Eduardo Frei empenho máximo na luta pela sua libertação, vista como uma questão de soberania nacional.

Fora do país, o "caso Pinochet" também ganhou enorme destaque. Afinal, era a primeira vez que um ex-chefe de Estado corria sério risco de sentar no banco dos réus de uma corte supranacional para acertar contas com o passado.

Mas Pinochet acabou vencendo a longa batalha judicial, após permanecer dezessete meses em prisão domiciliar no Reino Unido. Então com 84 anos, o ex-ditador foi considerado fisicamente incapaz de enfrentar um tribunal e voltou ao Chile em março de 2000.

Em casa, porém, Pinochet não encontrou paz e passou a enfrentar nova ameaça de julgamento sob acusação de comandar e acobertar ações de extermínio de opositores durante seu governo. O processo, iniciado em janeiro de 2001 com uma ordem de prisão domiciliar (nunca cumprida), praticamente se encerrou em julho de 2001 e foi definitivamente arquivado pela Suprema Corte em julho de 2002, também por razões de saúde. Dias depois, o ex-ditador retirou-se definitivamente da cena política ao renunciar ao mandato de senador vitalício.

Nesse momento, o Chile entrou para valer numa nova era, sob a presidência de Ricardo Lagos Escobar. Eleito em 2000, Lagos é o primeiro socialista a alcançar a presidência desde o golpe de 1973. Livres de Pinochet e cansados de remoer o passado, os chilenos ingressaram no século XXI com outras prioridades. Uma delas é manter o país crescendo e se desenvolvendo no ritmo da década anterior por meio, sobretudo, do comércio – não só com a América do Sul, mas também com as potências econômicas (Estados Unidos e União Europeia).

7. Os países sem saída

O Paraguai e a Bolívia estão entre os países mais pobres da América Latina. São também nações que perderam territórios em conflitos com vizinhos. A busca de saídas tem vários significados para esses países, marcados por constantes instabilidades políticas.

Os únicos países da América do Sul (e de todo o continente americano) privados de acesso direto ao mar são o Paraguai e a Bolívia. Enquanto o Paraguai sempre foi uma nação continental, a Bolívia perdeu a estratégica saída para o Pacífico após uma guerra contra o Chile. Essa desvantagem geográfica torna-os dependentes de seus vizinhos para exportar e importar mercadorias.

Ambos possuem ainda em comum terras drenadas pela Bacia do Prata, formada pelos rios Uruguai, Paraguai e Paraná. Durante muito tempo essa foi a via exclusiva de ligação desses países com o Oceano Atlântico, o que favoreceu a Argentina e sua capital, Buenos Aires, situada no estuário do Prata, "ponto final" da bacia.

OS PAÍSES "SEM SAÍDA"

PAÍS	ÁREA (km²)	POPULAÇÃO (milhões)	PIB (US$ bilhões)
Bolívia	1.098.581	8,7	8,3
Paraguai	406.752	5,8	7,5

Fonte: *Almanaque Abril*, 2003.

O Paraguai é o mais platino dos países da Bacia do Prata. Já a Bolívia é apenas em parte uma nação platina. Isso porque seu território situa-se na intersecção das três grandes regiões naturais da América do Sul: além da Platina, a Andina e a Amazônica. Essa localização peculiar confere à Bolívia um papel fundamental em qualquer projeto de integração regional – seja entre os Andes e o Pacífico ou, eventualmente, entre as bacias Platina e Amazônica.

O Paraguai e a Bolívia também não acharam uma saída para a crise econômica e política em que vivem. Na Bolívia, se a terrível fase de golpes de Estado e ditaduras militares ficou para trás, a deterioração da economia e o aumento das tensões sociais são atualmente problemas de primeira ordem. No Paraguai, a turbulência política na segunda metade da década de 1990 balançou a incipiente democracia duramente conquistada pelo país.

Bolívia: crises permanentes

A Bolívia é o país mais andino, mais indígena e mais pobre da América do Sul. Seus indicadores sociais são similares aos de países da África Subsaariana. Os povos quíchuas, aimarás e guaranis correspondem a cerca de 60% da população, mas seu peso demográfico é inversamente proporcional à posição que ocupam na sociedade.

Marginalizados do poder e da economia, eles formam o contingente de miseráveis que confere à Bolívia a colocação mais baixa do Cone Sul no que diz respeito ao Índice de Desenvolvimento Humano (IDH) feito pela ONU. Nos últimos anos as condições se deterioraram a tal ponto que essa massa de esquecidos decidiu mostrar a cara em violentos protestos contra o governo. Em fevereiro de 2003, mais de trinta pessoas morreram durante um levante em La Paz (a capital) contra o projeto de um novo imposto sobre os salários de baixa renda.

◆ Democracia, neoliberalismo e colapso econômico

A posse de um governo constitucional, em 1982, assinalou o início de uma nova fase na história boliviana. Até então, um dos traços marcantes do país era a tradicional instabilidade política. De 1850 a 1950, os bolivianos sofreram praticamente um golpe de Estado por ano.

Em 1952 a esquerda, liderada por Víctor Paz Estenssoro, tomou o poder, nacionalizou as minas de estanho e fez a reforma agrária. A fase revolucionária terminou em 1964, quando o país ingressou num ciclo de ditaduras militares que durou quase vinte anos.

O retorno da democracia coincidiu com a chegada da crise econômica. Sua face mais visível, a hiperinflação, chegou aos 23.000% ao ano em 1985. Foi então que, nesse ano, Víctor Paz Estenssoro alcançou novamente a presidência para romper de vez com o modelo estatizante instituído por ele mesmo em 1952.

Sob coordenação do FMI, adotou um pacote de medidas neoliberais: suprimiu subsídios, deu início à privatização de estatais e fechou ou arrendou a maior parte das minas do país. A inflação baixou para 2% ao mês em 1987, mas o custo social da estabilidade foi alto: demissões em massa, redução dos salários e disparada do desemprego.

Seu sucessor, Jaime Paz Zamora, assim como todos os presidentes eleitos na década de 1990, deu continuidade ao programa neoliberal. Apesar do equilíbrio macroeconômico, o parque produtivo boliviano continua insignificante e, o pior, vem tendo um crescimento pífio nos últimos anos. Por outro lado, a pobreza só tem aumentado.

As duas faces do combate ao plantio de coca

É impossível compreender a crise boliviana sem levar em conta o plano de combate ao cultivo da coca, a planta usada na produção de cocaína. Até meados da década de 1990, a Bolívia era o segundo maior produtor mundial de folha de coca. A renda obtida com a venda das colheitas aos narcotraficantes garantiu, por muito tempo, o sustento de milhares de indígenas. Mas o dinheiro explica apenas em parte sua importância para o povo boliviano. Há séculos, a folha de coca é usada tradicionalmente em chás e medicamentos e mascada pelos índios para aliviar os efeitos da altitude.

Embora a erradicação tenha começado em meados da década de 1980, sob pressão e patrocínio dos Estados Unidos, foi apenas a partir de 1997, no governo de Hugo Bánzer, que o programa deslanchou de fato.

Bánzer, general aposentado e que havia governado ditatorialmente o país entre 1971 e 1978, foi levado dessa vez à presidência de forma

DIEGO GIUDICE/CORBIS-STOCK PHOTOS

Soldados bolivianos destroem plantações ilegais de folha de coca.

democrática pelo voto. Um dos seus maiores objetivos foi o de libertar a Bolívia das drogas até o final do seu mandato. Em 2000, Bánzer anunciou a destruição quase completa das plantações.

O sucesso da estratégia do governo foi desastroso para os "cocaleros", denominação dada aos produtores de folha de coca. De uma hora para a outra, viram-se sem meios de subsistência, já que o projeto de substituição de culturas não alcançou os resultados esperados.

Nos últimos anos, os protestos dos camponeses tornaram-se rotina no país, com frequentes bloqueios de estradas. A força do movimento fi-

STR/REUTERS-NEWSCOM

O "cocalero" Evo Morales em manifestação na cidade boliviana de Cochabamba.

cou evidente nas eleições presidenciais de 2002, que, para surpresa geral, levaram ao segundo turno o líder indígena e "cocalero", Evo Morales.

Na votação indireta, mais uma vez a elite ditou as cartas e o Congresso escolheu para o cargo o conservador e ex-presidente, Gonzalo Sánchez de Lozada. Ainda assim, o partido de Morales, o Movimento ao Socialismo (MAS), conquistou 35 assentos no novo Congresso (Câmara dos Deputados e Senado). A expressiva bancada indígena marca a renovação histórica do Poder Legislativo boliviano.

A erradicação da coca não prejudicou apenas os "cocaleros". Ao combater o narcotráfico, o governo mexeu num dos pilares da precária economia boliviana. O dinheiro obtido com a venda da folha de coca estimulava outras atividades produtivas, sobretudo no setor informal. Em 1999, o desempenho do PIB boliviano chegou perto de zero, e desde então o país não consegue mais crescer como antes, quando a média anual entre 1990 e 1999 superou os 4%.

Apostando no gás

Agressivos esforços de exploração levaram à descoberta recente de enormes campos de gás natural na Bolívia. Essas descobertas praticamente quintuplicaram a produção de gás no país.

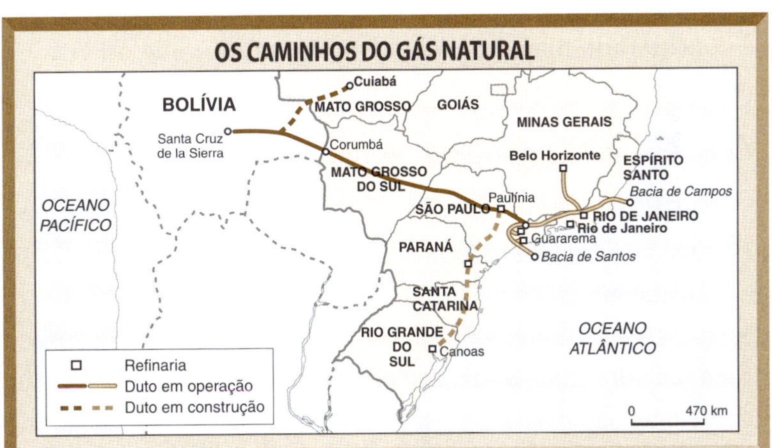

Fonte: *Ministério das Minas e Energia*.

Especialistas avaliam que o país tem potencial para se tornar um importante fornecedor de gás para o Cone Sul, assim como para o México e os Estados Unidos. O governo boliviano, por sua vez, deposita todas as esperanças no sucesso da exploração e exportação dessa riqueza, vista como a saída para a crise e passaporte para o desenvolvimento. Porém, os resultados não estão sendo satisfatórios. O crescimento da oferta tem sido superior ao da demanda, e a produção vem caindo desde 1999.

As exportações para o Brasil ganharam impulso após a inauguração, em 1999, do gasoduto Brasil–Bolívia, que, com uma extensão de 3.150 quilômetros, liga a cidade de Rio Grande (Bolívia) a Porto Alegre (Brasil), passando por São Paulo. Mas o megaprojeto – o maior do setor privado em infraestrutura na América do Sul – operava com apenas um terço da sua capacidade em 2002, e os dois países negociavam formas de estreitar a parceria.

Outra obra é vista como crucial pelo governo boliviano para aumentar as vendas de gás para o exterior. Trata-se do gasoduto que ligará o campo de Margarita (sul do país) ao Oceano Pacífico. O destino final do gasoduto está causando enorme polêmica já que existem duas alternativas: Chile ou Peru.

Há grande oposição a qualquer acordo com o Chile, pois a Bolívia exige de volta sua saída para o mar, perdida para os chilenos no século XIX. Já o consórcio que irá construir o gasoduto – chamado LNG Pacífico e formado pelas principais transnacionais presentes na Bolívia – prefere o traçado pelo território chileno, por ser mais curto. Além disso, o Chile é considerado mais estável politicamente do que o Peru.

A "hemorragia" territorial da Bolívia

A Bolívia perdeu mais da metade do seu território nos séculos XIX e XX em conflitos com vizinhos sul-americanos. Quando conquistou a independência, o país tinha 2,3 milhões de quilômetros quadrados, que se estendiam do Pacífico até a região do Gran Chaco, ocupando também uma parte da Bacia Amazônica. Atualmente, a área total do país não chega a 1,1 milhão de quilômetros quadrados.

O primeiro grande desmembramento aconteceu na Guerra do Pacífico (1879-1884), quando a Bolívia se uniu ao Peru contra o Chile em um conflito que terminou com a vitória chilena. Em consequência, a Bolívia entregou aos chilenos o território do Atacama, uma região desértica e rica em minerais que garantia ao país o acesso ao Oceano Pacífico.

A Bolívia ainda não deu por encerrado o litígio com o Chile e continua a reclamar uma saída para o mar. No início do século XX, o país perdeu para o Brasil o território rico em borracha que corresponde ao atual estado do Acre. Na década de 1930, num novo conflito, dessa vez com o Paraguai, os bolivianos perderam parte da região do Chaco.

Paraguai: por mares nunca navegados...

Primo pobre do Mercosul, o Paraguai sempre sofreu influências de dois vizinhos poderosos, Brasil e Argentina. Se no século XIX o país foi arrasado por Brasil, Argentina e Uruguai na Guerra do Paraguai, no final do século XX a formação do Mercosul inaugurou uma fase promissora na relação com esses três países.

Todavia, a crise financeira vivida pelo bloco desde 1999 atingiu em cheio a frágil economia paraguaia – essencialmente agrícola e conhecida mundialmente por sua ligação com o contrabando. De fato, o país atravessa no início do século XXI o seu momento mais difícil em décadas – aumento do déficit fiscal, contração do PIB, queda da renda *per capita*, alta taxa de desemprego e incremento da pobreza.

A crise desenrola-se sob um panorama político desanimador para os defensores da democracia. Um único partido – Colorado – governa o país ininterruptamente há quase sessenta anos, incluindo aí o período da ditadura do general Alfredo Stroessner (1954-1989), uma das mais duradouras do continente. Mesmo depois do fim do período ditatorial, todos os presidentes escolhidos em eleições livres saíram das fileiras do Partido Colorado.

Tamanha longevidade no poder é garantida por um enraizado sistema clientelista e corrupto, que faz parte da cultura política do país. Para se ter uma ideia do seu alcance, o Paraguai é hoje considerado o país mais corrupto da América Latina. No *ranking* mundial, perde apenas para a Nigéria e Bangladesh, segundo o relatório 2003 da organização não-governamental Transparência Internacional. O próprio presidente do país, Luis González Macchi (1999-2003), escapou por pouco de um processo de *impeachment* por corrupção.

A inexistência de uma oposição organizada, capaz de romper a hegemonia dos colorados, não é o único foco de preocupação. Rivalidades entre facções no interior do Partido Colorado trouxeram extrema instabilidade ao país na segunda metade da década de 1990 – com o assassinato de um vice-presidente, a renúncia de um presidente e tentativas fracassadas de golpes de Estado por parte do comandante do Exército, instituição que conservou sua influência apesar da queda da ditadura militar.

Muitos dos males que atingem hoje a América Latina – corrupção, recessão e fragilidade das instituições políticas, por exemplo – parecem confluir de maneira especial para o Paraguai. Na opinião de muitos analistas, o país tem pouquíssimas chances de se desenvolver economicamente e se tornar uma verdadeira democracia enquanto os colorados estiverem no poder.

8. Entre o rio e o mar

O Brasil, a Argentina e o Uruguai possuem seus núcleos geoeconômicos principais na área da Bacia Platina. Fazem parte, com o Paraguai, do Mercosul. Dos três, o Brasil é o que apresenta os melhores índices econômicos e os piores indicadores sociais.

A região Platino-Atlântica compreende o Uruguai, a Argentina e o Brasil. Esses três países possuem amplos litorais abertos para o Oceano Atlântico e têm terras drenadas por rios que compõem a Bacia Platina.

Dos três países, o Brasil possui, sem dúvida, uma vantagem estratégica: tem o maior litoral banhado pelo Atlântico, não só entre todos os países latino-americanos, mas entre todos os países banhados por esse oceano. Além disso, a Região Nordeste do Brasil "projeta-se" oceano adentro, resultando na menor distância entre a América do Sul e a África. Esse "estreitamento", que se dá entre a cidade de Natal (no estado do Rio Grande do Norte) e Dakar (no Senegal), foi considerado muito importante pelos Estados Unidos durante a Segunda Guerra Mundial para vigiar o Atlântico Sul, livrando-o da presença marítima da Alemanha nazista.

Embora com um litoral menor, a Argentina desfruta de uma vantagem peculiar. É o mais meridional entre os países atlânticos, e sua capital, Buenos Aires, funciona como uma espécie de ponto terminal das rotas marítimas de longo curso que buscam o Atlântico Sul. Buenos Aires também se localiza na estratégica região do estuário do Prata, onde os rios da Bacia Platina (Paraná, Paraguai e Uruguai) e os navios de carga vindos do interior do continente alcançam finalmente o mar. Por essa razão, a cidade tornou-se um dinâmico entreposto comercial e parada necessária no trajeto de exportação de produtos para mercados fora da América.

Por qualquer outro ângulo que se olhe, o Brasil e a Argentina destacam-se como os países mais importantes da América do Sul. São populosos, possuem territórios extensos e uma natureza rica e diversificada, cujos ícones são a Floresta Amazônica (Brasil) e a região dos Pampas (Argentina). Os valiosos recursos disponíveis (petróleo, minerais, florestas etc.) impulsionaram o desenvolvimento de suas economias ao longo do século XX.

Com um PIB de cerca de pouco mais de 850 bilhões de dólares, o Brasil e a Argentina reuniam quase 75% de toda a riqueza gerada na América do Sul no ano 2000. A parceria estreitou-se a partir de 1991, quando os dois uniram forças e lançaram o Mercosul, o principal pacto comercial do Cone Sul.

A crise financeira e a estagnação econômica dos últimos anos, particularmente graves na Argentina, lançaram uma nuvem de incertezas sobre o futuro dos gigantes sul-americanos. Os novos governos empossados em 2002 (Brasil) e 2003 (Argentina) têm pela frente o desafio nada fácil de retomar o caminho do desenvolvimento e reduzir a pobreza, que acompanha o Brasil há tanto tempo e desponta como um fenômeno inteiramente novo na Argentina.

Uruguai: entre dois gigantes

O Uruguai sempre foi um foco de discórdia entre o Brasil e a Argentina. A própria criação deste Estado-tampão respondeu, até certo ponto, à necessidade de se conterem as pretensões territoriais tanto dos brasileiros como dos argentinos. Em sua história recente, o Uruguai tem praticado uma espécie de malabarismo diplomático em relação aos seus dois importantes vizinhos.

O país viveu uma grande prosperidade econômica durante as primeiras décadas do século XX. Nesse período, as exportações de carne e lã sustentaram o desenvolvimento do Uruguai, que chegou a ser chamado de "Suíça da América do Sul".

Contudo, nas últimas décadas, o Uruguai passou por um processo de decadência econômica, fazendo com que muitos de seus habitantes emigrassem para outros países que oferecessem melhores oportunidades. Nesse período, o poder aquisitivo da população caiu verticalmente. Hoje, embora a carne e a lã continuem a ser seus produtos básicos, o turismo, que atrai principalmente argentinos, é a principal fonte de divisas do país.

Vale ressaltar o acentuado desequilíbrio demográfico do Uruguai. A capital, Montevidéu, com cerca de 1,4 milhão de habitantes, concentra praticamente a metade da população, enquanto Salto, a segunda cidade mais importante do país, não chega a ter 100 mil habitantes.

Nas últimas duas décadas, o Uruguai tem praticamente reproduzido os eventos políticos que ocorreram no Brasil e na Argentina. Assim, no final dos anos 1960 e início dos anos 1970, atuaram no país grupos de esquerda (os Tupamaros) que tentaram derrubar, por meio da luta armada, o governo militar que havia se instalado no poder. No entanto, a guerrilha foi dizimada, e a ditadura militar se institucionalizou. Os ventos da abertura política só começaram a soprar sobre o Uruguai no final dos anos 1970 e início dos anos 1980.

A democracia no país consolidou-se ao longo da década de 1990, ao mesmo tempo que o país fez os ajustes econômicos estruturais exigidos pelo FMI e se integrou ao Mercosul, sendo um de seus membros fundadores. O papel do Uruguai no contexto do Mercosul foi o de tornar-se um centro financeiro, e em vista disso o país passou a receber investimentos especulativos (e muitas vezes de origem obscura) provenientes da Argentina e do Brasil.

Todavia, como se fosse uma espécie de fatalidade histórica, no Uruguai se reproduzem as crises que se verificam tanto no Brasil como na Argentina. Em razão dessa "fatalidade" e por ter uma economia bem mais fraca, quando comparada à de seus dois poderosos vizinhos, é quase impossível que o Uruguai volte a ser chamado de "Suíça da América do Sul".

Argentina: apogeu e decadência

A Argentina é o segundo maior país da América do Sul. Tem a extensão de 2,8 milhões de quilômetros quadrados, aproximadamente, e uma população que está próxima de 40 milhões de habitantes.

Como já comentado, por ser o mais meridional dos países atlânticos, sua capital, Buenos Aires, funciona como uma espécie de ponto terminal das rotas marítimas de longo curso que buscam o Atlântico Sul. Tanto que, a partir dos 35 graus de latitude sul, os portos existentes no país dedicam-se quase exclusivamente à navegação de cabotagem.

A Argentina é um típico país platino, mas é também um país andino e possui a Patagônia em sua porção sul. Buenos Aires, a principal cidade do país, está localizada na região geograficamente conhecida como Pampa. Por concentrar a maior parcela da população e dos recursos econômicos argentinos, é considerada o coração econômico do país.

A Patagônia é a região-problema por ser a menos povoada (sua densidade demográfica só em alguns pontos apresenta-se maior que um habitante por quilômetro quadrado) e também por ser a de menor desenvolvimento econômico. No final dos anos 1980 chegou a ser aventada a possibilidade de se transferir a capital do país para Viedma, uma das cidades patagônicas, com o objetivo de promover o desenvolvimento da região.

◆ Descaminhos argentinos

Nas primeiras décadas do século XX, a Argentina pertencia ao seleto grupo das economias mais dinâmicas do mundo. Milhões de imigrantes recém-chegados da Europa transformaram a antiga colônia espanhola numa potência agrícola. A exportação de alimentos para os mercados do norte sustentou um crescimento econômico invejável e fez do país um ator central no comércio global. Donos da sexta maior renda *per capita* mundial, seus habitantes desfrutavam de uma qualidade de vida sem paralelo na atrasada América Latina. A vitrine dessa prosperidade é a sofisticada capital, Buenos Aires, de estilo tipicamente europeu, com avenidas largas, construções imponentes e charmosos cafés.

PABLO CORRAL V/CORBIS-STOCK PHOTOS

Vista aérea de Buenos Aires, a mais europeia das capitais latino-americanas.

Menos de um século se passou e a Argentina de hoje nunca esteve tão próxima de seus vizinhos latino-americanos. Mais da metade da população, outrora orgulhosa de pertencer à classe média mais pujante do Cone Sul, resvalou para baixo da linha de pobreza, e 40% da força de trabalho está sem emprego ou subempregada. Esse é o triste balanço da decadência econômica ensaiada pela nação a partir da década de 1950 e que atingiu o ponto crítico com o colapso financeiro de 2001-2002.

Muitos se perguntam como foi possível uma reviravolta tão radical num espaço relativamente curto de tempo. Se a crise argentina provoca indagações, ela, no entanto, não pegou ninguém de surpresa. Quando analisamos suas raízes e evolução, fica claro que, nos últimos anos, o país vivia perigosamente numa corda bamba. A queda era apenas questão de tempo.

Os anos dourados

A Argentina moderna foi construída entre meados do século XIX e o início do século XX. Nesse período, aproximadamente 6 milhões de europeus, principalmente espanhóis e italianos, aportaram no país. O impacto da grande onda migratória logo se fez sentir. A Argentina encontrou na produção de grãos e carne na fértil região do Pampa a sua vocação para o comércio e passou a exportá-los em larga escala, principalmente a partir da Primeira Guerra Mundial (1914-1918). A importância do país no abastecimento dos mercados era tamanha que ele passou a ser denominado "celeiro do mundo".

O crescimento intenso levou à diversificação da economia e à formação de uma sólida classe média urbana. Nas primeiras décadas do século XX, o governo argentino investiu pesado na ampliação dos serviços de educação e saúde – o que também melhorou as condições de vida dos mais pobres e gerou empregos. Os investimentos públicos eram financiados com o dinheiro das exportações.

O modelo agroexportador caminhou de vento em popa até o *crack* da Bolsa de Valores de Nova York, em 1929. No ano seguinte, sob efeito da Grande Depressão Mundial, os militares tomaram o poder. A Argentina viveu então uma época politicamente conturbada até a eleição de Juan Domingo Perón, em 1946.

Perón: a hora e a vez dos "descamisados"

Na época da ascensão do peronismo, a Argentina colhia os frutos de outro *boom* nas vendas externas agrícolas, propiciado pela Segunda Guerra Mundial (1939-1945). A migração em massa dos camponeses para Buenos Aires, Córdoba e Rosário, estimulada pela incipiente industrialização, levara à formação de um proletariado urbano, ainda sem expressão política e tradição sindical. Foi para essa nova camada social que Perón – então ministro do Trabalho no governo militar – direcionou seu discurso e aglutinou os votos necessários para alcançar a presidência, em 1946.

Mais uma vez, o folgado saldo positivo na balança comercial permitiu a Perón colocar em prática seu programa populista de justiça e bem-estar social, que ficou conhecido como "justicialismo". Primeiramente, organizou os sindicatos dos operários e dos "descamisados", camponeses recém-chegados à capital.

Reformas sociais e uma avançada legislação trabalhista trouxeram cidadania à classe operária e resultaram numa melhoria significativa de suas condições de vida. Peça-chave nos projetos sociais de Perón, sua mulher, Eva María Duarte, a Evita, tornou-se um verdadeiro mito para os argentinos. Investimentos na indústria e a nacionalização de empresas e companhias também foram marcas de seu governo.

No plano externo, Perón adotou uma política de independência, permitindo que, em plena Guerra Fria, a Argentina não se alinhasse au-

BETTMANN/CORBIS-STOCK PHOTOS

Evita e Juan Domingo Perón: mesmo após décadas de suas mortes, ainda assombram a política argentina.

tomaticamente aos Estados Unidos. Internamente, a doutrina peronista conseguiu reunir correntes ideológicas variadas, isto é, desde simpatizantes do nazismo até grupos de extrema esquerda.

Re-eleito em 1951, com o tempo Perón se indispôs com parte do empresariado e das Forças Armadas. A estagnação econômica tirou o brilho de seu governo, e os militares derrubaram-no em 1955. Sua deposição, no entanto, não significou a morte do peronismo. Do exílio, primeiro no Paraguai e depois na Espanha, Perón manteve sua influência acesa. O embate entre militares e peronistas dominou a política nacional nas décadas seguintes e trouxe instabilidade à Argentina. Autorizado a voltar ao país, Perón foi re-eleito em 1973 e faleceu no ano seguinte. Sua terceira esposa, Isabelita Perón, assumiu o cargo, mas foi destituída em 1976 por um golpe militar.

Os anos de chumbo

Os sucessivos governos militares lançaram a Argentina numa das piores fases de sua história (1976-1983). Todas as garantias constitucionais foram suspensas, e a dura repressão aos opositores do regime – episódio chamado de "guerra suja" – deixou mais de 10 mil mortos ou desaparecidos.

O manejo da economia foi igualmente desastroso. Na verdade, o PIB argentino vinha cambaleando desde a década de 1950, quando as vendas externas de grãos e de carne deixaram de ser um bom negócio, devido à queda dos preços agrícolas no mercado internacional e às barreiras protecionistas instituídas pela Europa no pós-guerra. Embora o país tivesse investido na construção de um parque industrial, este nunca

PELLETIER MICHELINE/CORBIS SYGMA-STOCK PHOTOS

As mães da Praça de Maio exigem explicações sobre o paradeiro de seus parentes desaparecidos durante o período da ditadura militar (1976-1983).

chegou a ser suficientemente diversificado e avançado a ponto de superar as exportações primárias.

Se a conjuntura estava complicada, os militares conseguiram piorá-la ainda mais, aprofundando o processo de decadência econômica. Em vez de fortalecer o desenvolvimento produtivo, adotaram uma política indiscriminada de estímulo às importações, estratégia que sucateou a indústria nacional. Para se ter uma idéia do impacto dessas medidas, entre 1975 e 1982 a produção no setor encolheu 27%. A abertura ao capital estrangeiro veio acompanhada da inflação galopante, da escalada do desemprego e do endividamento externo.

A questão das Malvinas

No final de março de 1982, a Argentina vivia uma grande instabilidade interna, decorrente não só da profunda crise econômica que o país vinha atravessando, mas também dos catastróficos governos militares que se sucediam no país desde 1976.

Ao desemprego crescente, greves, alta inflação e uma dívida externa que se avolumava, juntavam-se pressões para a redemocratização do país e pelo esclarecimento sobre o paradeiro de cerca de 10 mil oposicionistas desaparecidos durante a dura repressão do final dos anos 1970.

Sentindo que poderia perder o controle da situação, o governo militar argentino resolveu aglutinar a opinião pública do país em torno de um problema externo. O pretexto foi a "reconquista" das Ilhas Malvinas, situadas a cerca de 500 quilômetros do litoral sul do país. Embora sob soberania britânica, o arquipélago vinha sendo foco de disputa entre os dois países desde o século XIX.

Assim, no início de abril de 1982, as ilhas foram invadidas de surpresa por tropas argentinas. Em resposta e alegando ter sido vítima de uma agressão, a Grã-Bretanha organizou uma força-tarefa que viajou cerca de 12 mil quilômetros, atravessando todo o Atlântico, para, em junho, retomar as ilhas, impondo uma derrota incondicional às Forças Armadas argentinas.

O povo argentino, que havia momentaneamente esquecido os problemas internos do país, diante do fracasso da guerra voltou a pressio-

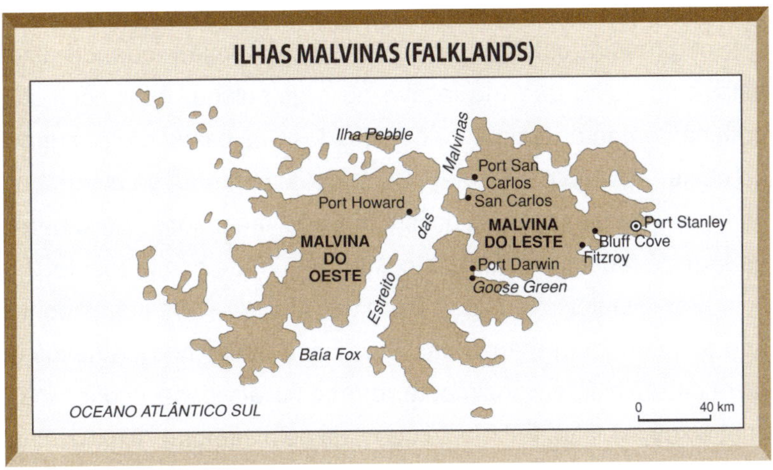

nar os militares, acusando-os de incompetência por se meterem numa guerra moderna sem estarem preparados para isso. A consequência quase que imediata dessa derrota foi a queda dos militares.

Um dia em Port Stanley

Situada a 51 graus de latitude sul, Port Stanley, ou simplesmente Stanley, capital das Ilhas Malvinas ou Falklands, é uma das menores e mais remotas capitais do mundo. Antes de 1982, quando ocorreu o conflito entre britânicos e argentinos pela posse das ilhas, Port Stanley era praticamente uma cidade desconhecida.

Formada por cerca de 700 ilhas, destacam-se no arquipélago as duas maiores: a Malvina Oeste (quase desabitada) e a Malvina Leste, onde se situa Port Stanley. Segundo publicações locais, o clima é semelhante ao da Grã-Bretanha, "com um pouco mais de sol e um pouco menos de chuva".

Cheguei às Malvinas num dia em que o astro-rei estava em sua plenitude. Não sei se os locais dizem isso para todos os turistas, mas, segundo eles, dias iguais àquele só acontecem duas ou três vezes ao ano. Embora fosse verão, um vento constante, forte e relativamente frio (pelos padrões brasileiros) nos acompanhou durante todo o dia.

A primeira coisa que me chamou a atenção, quando ainda estava no navio que me levava ao arquipélago, foi a coloração dominantemente vermelha dos telhados das casas e a pequenez do núcleo urbano de Stanley. Do convés, percebia-se claramente os limites da cidade, que possui mais ou menos três quilômetros de largura (acompanhando a costa) por um de comprimento.

Port Stanley é a única cidade das Malvinas. Os outros pontos que aparecem em mapas das ilhas nada mais são que sedes de fazendas que tradicionalmente têm como atividade econômica a criação de ovelhas. Estima-se que haja pelo menos 170 mil ovelhas espalhadas pelas ilhas. Não faz muito tempo, esta era praticamente a única base da economia do arquipélago. Atualmente, as licenças para pesca representam a maior fonte de renda. A exploração de gás e o turismo estão se tornando cada vez mais promissores.

Segundo o censo de 2001, Stanley possuía 1.989 habitantes e concentrava cerca de 85% dos 2.379 que habitavam o arquipélago. Não está computado nesse número o pessoal militar britânico. Fala-se em pelo menos 1.500 militares no arquipélago, ali acantonados para evitar uma nova tentativa de ocupação das ilhas pelos argentinos. Para manter em "segredo" militar, algumas áreas das Malvinas são interditadas aos turistas.

Mais de 90% dos *kelpers*, como são chamados os habitantes das ilhas, têm origem britânica. Em Stanley, mora cerca de uma dezena de argentinos que, segundo relatos, vivem integrados à comunidade e... uma brasileira: Tereza, uma carioca que, numa viagem às Malvinas, se apaixonou por um *kelper* e por lá ficou.

As pessoas de Stanley se gabam de sua qualidade de vida, da criminalidade praticamente inexistente, de suas estufas onde plantam flores (quase todas as casas têm uma delas) e dizem que, pelo *Guinness Book*, as Malvinas possuem o maior índice *per capita* de jipes *land rovers* do mundo. A moeda local é o *Falkland Pound* que mantém paridade com o *Pound Britânico*. Se a libra esterlina e o dólar são aceitos, a moeda local não pode ser trocada fora das ilhas.

Alguns pontos turísticos chamam a atenção. Um deles é um memorial feito em homenagem à batalha das Falklands, entre forças navais britânicas e alemãs, ocorrida em dezembro de 1914, durante a Primeira Guerra Mundial. Há também um monumento onde constam os nomes dos 255 militares britânicos que perderam sua vida durante a guerra com os "argies", como são chamados os argentinos. O dia 14 de junho é comemorado todos os anos como o *Liberation Day* (dia da libertação) que, segundo os *kelpers*, é um "momento que mistura emoções e grande orgulho".

Há também o Britannia House Museum, que preserva um pouco da história das ilhas. Parte importante do acervo do museu está ligada à guerra de 1982. Lá estão expostos, além de troféus de guerra, uma reprodução de uma trincheira argentina e livros. Um deles, *74 days*, de John Smith, é um diário feito por um *islander* (habitante das ilhas) que relata o cotidiano de uma família durante os dias de ocupação.

Como lembranças de guerra também impulsionam o turismo, há excursões a campos de batalha no interior da ilha e a alguns dos cerca de 100 campos minados (devidamente cercados) que, devido à falta de informações sobre suas localizações exatas, não puderam ser desativados.

(Relato de viagem de Nelson Bacic Olic.)

Democracia e hiperinflação

Em 1983, eleições livres levaram um civil, Raúl Alfonsín, à presidência. Mas seu governo fracassou na tentativa de reverter a pesada herança deixada pela ditadura. O Plano Austral, programa de estabilização econômica lançado pelo novo governo, não conseguiu reverter a situação.

O governo de Alfonsín passou por crises constantes. Em 1989, quando ele entregou a faixa presidencial a seu sucessor, Carlos Saúl Menem, cinco meses antes do final do mandato, o país estava em meio a uma profunda crise econômica marcada por uma hiperinflação, cujos índices mensais oscilavam entre 100% e 200%.

A era Menem

A chegada de Carlos Menem ao poder, um neoperonista adepto do livre mercado, inaugurou uma nova etapa na vida econômica do país. Menem e seu ministro da Economia, Domingo Cavallo, caíram nas graças dos argentinos e da comunidade financeira internacional ao domarem a hiperinflação com um pacote de medidas neoliberais lançado em 1991 com o aval do FMI.

O Plano Cavallo, como ficou conhecido, tinha um instrumento "mágico", a Lei de Conversibilidade, que instituiu a paridade cambial. Ou seja, um peso passou a valer um dólar, quer fizesse sol, quer fizesse chuva. Essa relação fixa e imutável foi até mesmo prevista na Constituição. O outro pilar foi a abertura da economia ao capital externo, por meio da privatização em larga escala das empresas e serviços estatais e da atração de investimentos diretos (produtivos) e indiretos (de curto prazo) (ver texto "O nó cambial", adiante).

NAJLAH FEANNY/CORBIS SABA-STOCK PHOTOS

O ex-presidente argentino Carlos Menen governou o país durante a década de 1990.

A paridade cambial funcionou bem por alguns anos. A Argentina engrenou num ciclo virtuoso, com o capital externo propiciando altas taxas de crescimento econômico. Entre 1991 e 1994, o PIB expandiu-se a uma média anual de 7,7%, e o país era aplaudido mundialmente pelo seu milagre econômico. Amparado em altos índices de popularidade, Menem mudou a Constituição para concorrer ao segundo mandato e re-elegeu-se em 1995.

Após a crise financeira no México (1994-1995), a Argentina passou a enfrentar um ambiente internacional mais volátil. O país contornou esse primeiro terremoto com relativa tranquilidade, mas as turbulências no sudeste asiático (1997) e na Federação Russa (1998) provocaram a correria dos investidores e tiveram forte impacto nas contas públicas. Nessa época, as fragilidades do modelo adotado vieram à tona.

Para começar, a Argentina deixou de fazer toda a lição de casa prescrita pelo FMI. Faltou uma parte fundamental: a racionalização dos gastos públicos. O governo de Menem gastava muito mais do que arrecadava para sustentar o funcionalismo, as províncias falidas, o sistema de privilégios e a corrupção. Como não podia emitir moeda, usou dinheiro das privatizações e contraiu empréstimos lá fora. Com isso, a dívida externa, que era de 65,4 bilhões de dólares em 1991, saltou para 140,7 bilhões de dólares em 2001.

O esquema funcionou bem enquanto os organismos internacionais de crédito e os investidores estrangeiros colocavam dinheiro no país. Com a reviravolta na Ásia e na Federação Russa, passaram a desconfiar da capacidade da Argentina (e dos países emergentes em geral) em honrar seus compromissos externos. A fuga de capitais e a crescente dificuldade em obter novos empréstimos começaram a comprometer o pagamento da volumosa dívida interna e externa.

A situação não seria tão crítica se a Argentina pudesse se apoiar nas exportações, a fonte mais segura e autônoma de obtenção de divisas para uma nação. Entretanto, os preços dos itens agrícolas continuaram em queda nos anos 1990. E a abertura econômica, aliada à paridade cambial, sucateou a indústria nacional. Caros e sem qualidade, os produtos argentinos perderam competitividade no mercado externo. Seu porto seguro era o mercado brasileiro. Em 1999, no entanto, o Brasil desvalorizou sua moeda, o real, abalando frontalmente as exportações argentinas.

O nó cambial

A paridade cambial, pela sua própria lógica, requer a existência de um peso para cada dólar circulando na praça. A Argentina não mais podia emitir moeda, atrelada por lei aos dólares disponíveis no Banco Central – caso isso acontecesse, a economia mergulharia de novo num ciclo inflacionário. Por essa razão, a captação de recursos externos tornou-se imprescindível para o êxito do Plano Cavallo. Cada dólar que entrava era injetado para garantir o sistema de câmbio fixo.

Diante dessa camisa-de-força, o governo tinha basicamente duas alternativas para captar dólares. A primeira e mais saudável, o estímulo às exportações, ficou comprometida pela desvantagem intrínseca ao câmbio fixo, que tornou os produtos argentinos naturalmente mais caros no mercado externo. Além disso, não houve nenhuma política voltada para o desenvolvimento da indústria nacional.

A outra saída, mais imediatista, era a abertura da economia. Foi essa a opção do governo. O capital externo hoje controla estatais privatizadas, e transnacionais instalaram-se no país ou passaram a ter acesso privilegiado ao mercado argentino. Com isso, o plano de Menem enterrou de vez o que ainda restava da indústria nacional depois do estrago feito pelos militares.

A tragédia anunciada

Após uma década à frente do poder, Menem deixou a presidência em 1999. Seu sucessor, o prefeito da província de Buenos Aires, Fernando de la Rúa, herdou um país em plena crise e não conseguiu evitar a catástrofe iminente.

O descontrole dos gastos governamentais, a queda abrupta nos investimentos externos, o alto endividamento e a recessão econômica iniciada em 1999 comprometeram os cofres públicos. A falta de dólares acenava como uma sentença de morte para o sistema de paridade cambial.

Mas o novo presidente não ousou mexer na cotação do peso, por temer que a desvalorização provocasse uma quebra geral de bancos, empresas e pessoas que tinham contraído dívidas em dólares – cerca de 80% das dívidas argentinas eram em moeda norte-americana.

A opção encontrada foi a de apertar os cintos para equilibrar as contas públicas. Nos dois anos de seu governo (dezembro de 1999 a dezembro de 2001), tentou-se de tudo para cumprir a promessa de déficit zero: redução de salários do funcionalismo, cortes nos benefícios trabalhistas e nas aposentadorias, restrições a subsídios e incentivos, cortes no repasse de verbas às províncias etc. Foram nove pacotes econômicos e três ministros da Economia; o último deles, Domingo Cavallo, foi chamado para resolver os problemas por ele mesmo criados. Todos os pacotes fracassaram. Não reduziram o déficit nem recuperaram a credibilidade do país no exterior. Aprofundaram a recessão e tiveram um enorme custo social, com aumento do desemprego, da pobreza e das desigualdades.

Nem mesmo o empréstimo de 40 bilhões de dólares liberado pelo FMI em dezembro de 2000 foi suficiente para trazer algum alívio à crise. No decorrer de 2001, o colapso das contas públicas passou a ser visto como apenas uma questão de tempo.

Colapso financeiro e implosão institucional

A Argentina chegou a dezembro de 2001 sem condição de pagar suas dívidas, o que levou o FMI a suspender a ajuda ao país. No início do mês, para estancar os saques em massa de dinheiro dos bancos e prevenir a quebra do sistema financeiro, Cavallo limitou a retirada de dinheiro nas contas correntes e de poupança. O congelamento dos depósitos bancários ganhou o nome de *corralito* (curralzinho).

A polêmica medida ultrapassou os limites do suportável para a enfurecida população argentina, que já vinha sofrendo além da conta os efeitos da crise e passou a conviver com intermináveis dias de feriados bancários e cambiais. Uma onda incontrolável de protestos e saques tomou as ruas de Buenos Aires em reação à política econômica do governo. No dia 20, Fernando de la Rúa renunciou à presidência e fugiu de helicóptero da Casa Rosada (sede do governo), onde milhares de argentinos batiam panelas e reivindicavam sua saída do poder.

Nos dez dias que se seguiram, a Argentina ficou na corda bamba. Três presidentes diferentes ocuparam o cargo até a formação de um governo provisório, em 1º de janeiro de 2002, liderado pelo senador peronista, Eduardo Duhalde.

Uma das primeiras decisões do novo presidente foi pôr fim à paridade peso–dólar, em fevereiro. A desvalorização veio acompanhada da pesificação da economia, ou seja, da transformação em pesos de todas as

RICKEY ROGERS/REUTERS-NEWSCOM

Aposentados protestam durante a grande crise que afetou a Argentina em 2002.

dívidas e depósitos em dólares numa cotação significativamente inferior à atingida pelo peso com a livre flutuação. No decorrer de 2002 e 2003, o valor do dólar oscilou entre 3 e 4 pesos.

Duhalde tornou ainda mais severo o *corralito* ao reter, além dos depósitos à vista (conta corrente e poupança), os depósitos a prazo – confisco chamado de *corralón*. O *corralito* foi extinto em dezembro de 2002.

Seu governo também confirmou a moratória da dívida externa, decretada em dezembro por um dos presidentes relâmpagos, Adolfo Rodríguez Saa. O calote, o maior na história da Argentina, marginalizou a nação no cenário externo. Investidores, credores e organizações multilaterais de crédito amargaram enormes prejuízos e fecharam as portas para o país. Duhalde e seu ministro da Economia, Roberto Lavagna, sentiram na pele o isolamento. Somente em janeiro de 2003, após quase um ano de árduas negociações, a Argentina conseguiu fechar um acordo provisório com o FMI – para viabilizar o pagamento de dívidas do país com o Fundo e outros organismos.

Um futuro melhor?

Em maio de 2003, os argentinos elegeram o novo presidente, o peronista Néstor Kirchner. Ex-governador da remota província de Santa Cruz, Kirchner prometeu trabalhar duro para reconquistar a credibilidade internacional da Argentina, atrair de volta o capital estrangeiro, reformar o Estado, re-estruturar a dívida pública e, o mais importante, fazer a economia voltar a crescer após quatro anos de recessão. O PIB argentino contraiu 20% entre 1999 e 2002 – taxa similar à de países em guerra.

Os "panelaços", saques e manifestações que marcam a história recente da Argentina são a expressão mais fiel de descontentamento de uma próspera classe média subitamente condenada a uma pobreza inédita. A curva da decadência, expressa pelo nível de pobreza e de desemprego, é impressionante.

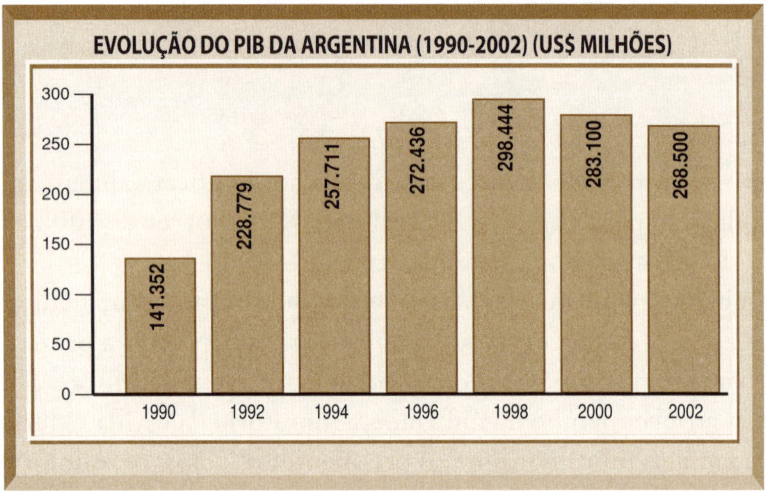

Fonte: *Banco Mundial.*

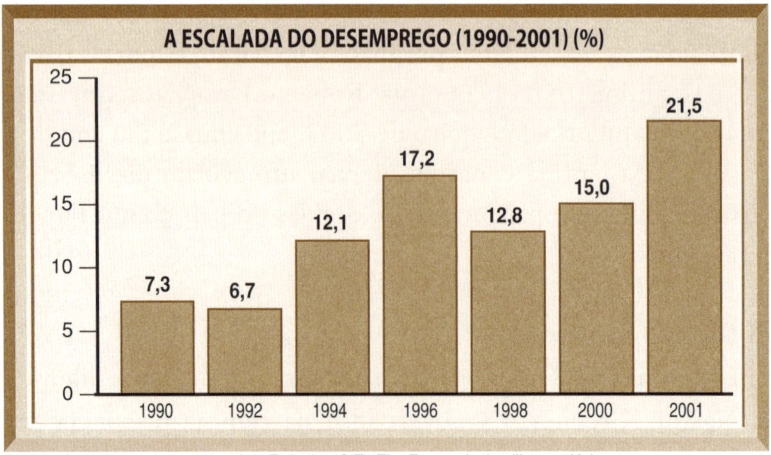

Fontes: *Organização Internacional do Trabalho (OIT), The Economist Intelligence Unit.*

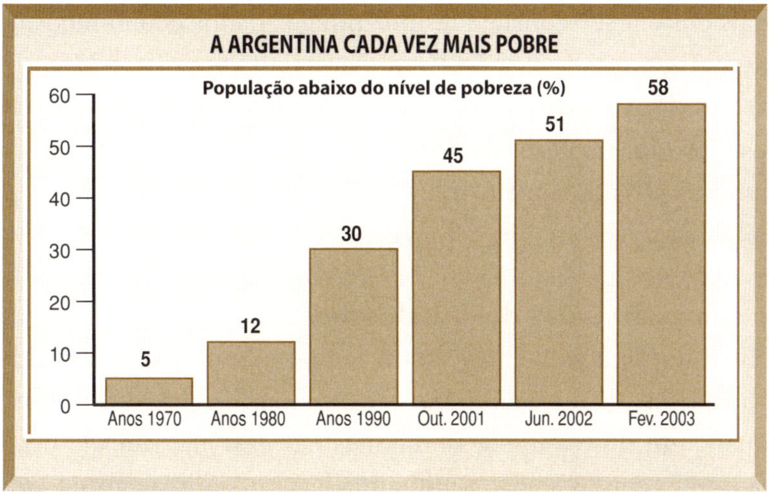

Fontes: *Almanaque Abril, BBC.*

Brasil: "gigante pela própria natureza"

"Na mesma medida em que tamanho e grandeza de um país desempenham um papel crítico na significação desse país no contexto mundial, as diferenças internas são essenciais ao equilíbrio e à própria viabilidade do país. Contudo, formas exageradas de concentração, tanto no que se refere à concentração de riqueza ao longo da hierarquia de pessoas, como nas unidades regionais do país, são focos de instabilidade social e, por via de consequência, de instabilidade política. Isso quer dizer que um objetivo nacional fundamental e permanente, que é o de assegurar a estabilidade social interna, para garantir o progresso geral do país, é afetado, em suas próprias bases, por eventuais excessos de concentração."

Esse texto, retirado da obra *Brasil: uma visão geográfica dos anos 80*, publicada pelo Instituto Brasileiro de Geografia e Estatística (IBGE), faz referência a dois tipos de desigualdades: a regional e a social. Ele alerta que a concentração exagerada de riquezas causa inevitavelmente focos de instabilidade política e social que poderiam inviabilizar a vida do país.

As desigualdades regionais ocorrem, em maior ou menor grau, no interior de todos os países. No caso do Brasil as grandes desigualdades regionais podem ser constatadas por poucos dados econômicos. Assim, por exemplo, o estado de São Paulo contribui com quase 35% na geração do PIB do país, enquanto os nove estados que compõem a Região Nordeste produzem cerca de 13% das riquezas nacionais. Já as desigualdades sociais são ainda mais dramáticas e se apresentam como o principal problema a ser vencido pelo país.

◆ Um campeão... das desigualdades

A tendência à concentração de renda, que leva às desigualdades e exclusão sociais, não é fenômeno recente nem exclusivo do Brasil. Em nosso país, um dos campeões mundiais das desigualdades, a dramática situação de exclusão social da atualidade tem sua origem no processo inicial de estruturação da sociedade brasileira.

Assim, desde o período colonial e durante a época do Brasil imperial, o monopólio da terra exercido por uma elite de latifundiários e a base escravista do trabalho foram os fundamentos que deram origem a uma rígida estratificação de classes sociais. O fim da escravatura, da qual o Brasil foi o último país a se livrar, não aboliu o monopólio da terra, fonte de poder econômico e principal meio de produção até as primeiras décadas do século XX. O abismo social entre o enorme número de trabalhadores e a diminuta elite de grandes proprietários rurais delineou as bases da atual concentração de renda no país.

O Brasil passou por grandes transformações ao longo do século XX. Sua economia tornou-se cada vez menos agrária, a indústria passou gradativamente a ser a atividade econômica mais dinâmica, a população cresceu e rapidamente se urbanizou, a sociedade tornou-se mais complexa, mas a concentração da renda não só persistiu como se aprofundou, pois a grande maioria da população permaneceu à margem do mercado consumidor de bens duráveis.

Todavia, a crise do modelo de substituição das importações, na década de 1980, e o seu colapso, seguido da aplicação de doutrinas neoliberais na década seguinte, não só levaram à ampliação das desigualdades sociais, como também permitiram compreender melhor que, à medida que a sociedade incorpora novas realidades, criam-se novas necessidades (o acesso à educação, ao trabalho, à renda, à moradia, à informação etc.) que vão além da simples subsistência.

Essas transformações mais recentes acabaram por cristalizar dois "tipos" de exclusão social: o "antigo" e o "recente". O primeiro refere-se à exclusão que afeta segmentos sociais que historicamente sempre estiveram excluídos. O segundo atinge aqueles que, em algum momento da vida, já estiveram socialmente incluídos.

No Brasil as desigualdades analisadas pelo ângulo da concentração de renda indicam que o rendimento dos 10% mais ricos da população é cerca de vinte vezes maior que o rendimento médio dos 40% mais pobres. Mais ainda: o total da renda dos 50% mais pobres é inferior ao total da renda do 1% mais rico. Esses dados comprovam que o crescimento econômico brasileiro desenvolveu-se sob o signo da concentração de renda. As grandes desigualdades sociais também se manifestam nas unidades regionais do país.

O mapa da exclusão social

Recentemente, um grupo multidisciplinar de cientistas sociais publicou um trabalho intitulado *Atlas da exclusão social*. Usando como base metodologia similar à adotada pela ONU na confecção do IDH, o grupo chegou a um outro índice denominado "Índice de Exclusão Social". Esse índice foi construído com base na combinação de três componentes: o padrão de vida digno (com indicadores de pobreza, emprego formal e desigualdade), o grau de instrução (anos de estudo e alfabetização) e o risco juvenil (concentração de jovens e índice de violência).

Calculados para todos os municípios do país, esses índices foram também cartografados. Um dos mapas, o de manchas extremas de exclusão social, mostra de imediato que as áreas de extrema exclusão social concentram-se em municípios localizados nas regiões Norte e Nordeste, "transbordando" para o norte de Minas Gerais e o nordeste de Goiás.

Fonte: Adaptado do *Atlas da exclusão social no Brasil*, p. 77.

Nessas áreas, de maneira geral, verifica-se a exclusão do tipo "antigo", fato comprovado pelas dificuldades de as populações dessas áreas terem acesso à educação, à alimentação, ao mercado de trabalho e a outros mecanismos de geração de emprego e renda.

Embora quase não existam municípios com índices extremos de exclusão social nas regiões Sul e Sudeste, sabe-se que a realidade social interna destes, principalmente dos mais populosos, é de grande desigualdade. Esses municípios apresentam um contingente cada vez maior de pessoas que, apesar de escolarizadas, de já terem trabalhado em empregos formais e fazerem parte de famílias pouco numerosas, vivem uma situação de desemprego e de renda insuficiente.

Projeções geopolíticas brasileiras

Como se sabe, o Brasil possui fronteiras com todos os países da América do Sul, à exceção do Chile e Equador. Nosso país compartilha com os demais países sul-americanos (com exceção do Chile) de dois compartimentos geopolíticos: a área da Bacia Platina e a região Amazônica.

A Bacia do Prata ou Platina, área drenada pelos rios Paraná, Paraguai e Uruguai, é um dos principais conjuntos fluviais do mundo e o segundo maior da América do Sul, superado apenas pela Bacia Amazônica. Com mais de 2,5 milhões de quilômetros quadrados, ocupa cerca de 20% do território sul-americano, abrangendo áreas de cinco Estados: Brasil, Argentina, Paraguai, Uruguai e Bolívia.

Nascem em solo brasileiro os três rios que formam a bacia, cujo eixo principal tem, grosseiramente, sentido norte–sul. As águas de todo o conjunto alcançam o Oceano Atlântico através do estuário do Prata, um dos maiores do mundo. O Brasil e a Argentina, os dois principais e mais extensos países do conjunto, englobam cerca de 70% da superfície total da bacia.

Os rios que a compõem atravessam áreas de ecossistemas variados (tropicais, subtropicais e temperados), que apresentam como limites, ao norte, as serras e chapadas do Planalto Central brasileiro; a leste, as escar-

A REGIÃO DA BACIA PLATINA

pas cristalinas do Planalto Atlântico; a oeste, os dobramentos terciários dos Andes; e, ao sul, os desolados territórios da Patagônia argentina.

Os espaços mais densamente povoados dos países platinos situam-se em áreas que fazem parte da bacia ou então em suas proximidades. É o caso das capitais políticas e das maiores cidades da Argentina (Buenos Aires, Rosário e Córdoba), do Uruguai (Montevidéu), do Paraguai (Assunção) e do Brasil (Brasília, São Paulo, Rio de Janeiro e Belo Horizonte).

Do ponto de vista econômico, as regiões mais dinâmicas desses quatro países também se localizam em áreas da bacia. É o caso do Pampa argentino (onde se situa Buenos Aires), que concentra cerca de 75% de toda a atividade econômica do país. No Brasil, as regiões platinas correspondem a parcelas consideráveis do Centro-Sul, que concentra mais de dois terços da riqueza nacional.

◆ Rivalidades e cooperação

Durante muito tempo, as áreas da Bacia Platina foram focos de tensão geopolítica. Na época colonial, ela foi palco dos expansionismos contraditórios de portugueses e espanhóis. A partir do século XIX, as tensões passaram a ser entre os novos Estados independentes, cujos territórios estavam longe de se estabilizar.

O Brasil e a Argentina viveram fases de conturbado relacionamento político e diplomático, em razão dos mitos de hegemonia regional que ambos desenvolveram. Os mitos argentinos eram assentados sobre ideologias raciais. A grande onda migratória da segunda metade do século XIX fez praticamente desaparecer a base índia e mestiça da população do país.

Valorizando e alardeando a condição de país eminentemente formado por populações brancas, setores significativos da elite argentina desenvolveram ideias de superioridade civilizacional diante de seus vizinhos sul-americanos. Os líderes argentinos julgavam que apenas um país com essas características étnicas poderia dialogar de igual para igual com as potências "brancas" da Europa e com os Estados Unidos.

Por seu turno, os mitos brasileiros escudavam-se na grandeza, riqueza e potencialidade do território. Um país de rios imensos, florestas fantásticas e tamanho colossal só poderia ter um destino semelhante aos seus atributos físicos.

Recentemente, as bases do relacionamento entre os dois países foram reconstruídas, com ênfase na cooperação. A crise econômica dos anos 1980 – a "década perdida" da América Latina – e a globalização da economia mundial condicionaram essa reversão de posturas diplomáticas. Não há dúvida de que foi um fator fundamental a redemocratização dos dois países, representada pelas eleições presidenciais de 1983 na Argentina e pela volta dos civis ao poder no Brasil, em 1985.

Começaram aí a ser lançadas as sementes que germinariam alguns anos depois com a criação do Mercosul pelo Tratado de Assunção de 1991. Desde então, os rios da Bacia Platina, que durante muito tempo foram rios da discórdia, passaram a ser vistos como rios da integração.

O NÚCLEO GEOECONÔMICO DO MERCOSUL

Fonte: Magnoli, Demétrio e Araújo, Regina. *Geografia — paisagem e território*, São Paulo, Moderna, 1993.

Amazônia, a última fronteira

No limiar do século XXI, poucas são as regiões do mundo que ainda apresentam grandes espaços passíveis de ocupação. Entre elas, merece destaque a extensa região conhecida como Amazônia Internacional.

A região é tão extensa que apenas quatro países da América do Sul – Chile, Argentina, Paraguai e Uruguai – não possuem terras "amazônicas". Essa região que o Brasil compartilha com Bolívia, Peru, Equador, Colômbia, Venezuela, Guiana, Suriname e Guiana Francesa possui cerca de 7 milhões de quilômetros quadrados (extensão pouco menor que o território europeu) e cobre cerca de 35% da área total da América do Sul. Grande parte das terras da Amazônia Internacional é drenada pelos rios que formam a Bacia Amazônica.

O Amazonas, rio principal da bacia, normalmente é considerado um rio "fora de série" em uma série de "quesitos hidrográficos": por exemplo, é aquele de maior extensão entre todos os cursos fluviais do planeta, o que apresenta os maiores débitos fluviais, a maior distância entre as margens etc. Seus afluentes têm três origens: a Cordilheira dos Andes (onde estão as suas nascentes), o Planalto das Guianas (margem esquerda) e o Planalto Brasileiro (margem direita). A maior parte das terras da bacia hidrográfica faz parte de um domínio natural denominado "terras baixas, florestadas equatoriais".

O Brasil, em relação aos demais países que compartilham terras da bacia, tem uma posição geográfica privilegiada, pois:

- ocupa quase 70% da área total da bacia;
- capta todas as águas da bacia, já que a foz do Rio Amazonas está em território brasileiro;
- só não possui limites com um dos países da bacia, o Equador;
- apresenta os maiores trechos navegáveis.

As áreas drenadas pelos rios da Bacia Amazônica exibem, de maneira geral, fraco povoamento e pequena expressão econômica, com destaque para o extrativismo tanto vegetal (madeira, borracha, castanha) como mineral (ferro, manganês, ouro, petróleo etc.). Apesar de

representar cerca de 88% da população de toda a Amazônia Internacional, a população que habita áreas da bacia em terras brasileiras mal ultrapassa 10% do efetivo populacional do Brasil. Do ponto de vista econômico, a riqueza produzida na Amazônia brasileira corresponde aproximadamente a 3,5% do PIB total do país.

As condições demográficas e econômicas induziram duas estratégias no sentido da ocupação e valorização regional: uma de caráter nacional e outra envolvendo o conjunto de Estados da região.

A primeira objetivava a integração das "amazônias" ao núcleo central da economia de cada país. Já a segunda destinava-se ao estabelecimento de políticas para o desenvolvimento da região como um todo.

A concretização desse último objetivo começou a tomar forma com a criação do Tratado de Cooperação Amazônico ou Pacto Amazônico, assinado por todos os Estados da região em 1978. Esse pacto foi uma resposta a certos organismos internacionais e governos de alguns países desenvolvidos que alegavam a necessidade de monitoramento da exploração amazônica, devido à sua importância para a "saúde" do planeta.

Por isso o pacto definiu a ampla soberania dos países signatários, que se traduzia na livre exploração que podiam fazer dos recursos de suas "amazônias", mas também sugeria a necessidade de levar em conta os impactos ambientais decorrentes.

A crise econômica dos anos 1980 de certa forma impediu que os projetos pan-amazônicos fossem levados adiante. Apenas nos anos 1990 foram retomados, timidamente, os contatos para a implementação de planos conjuntos. Independentemente disso, a região da Bacia Amazônica continua despertando o interesse internacional por vários motivos. Um deles é o potencial de recursos naturais da região. Outro é o seu patrimônio ecológico, especificamente a sua biodiversidade, que é a maior do planeta. Por fim, a importância estratégica da região vem sendo ressaltada cada vez mais em razão do avanço do narcotráfico.

ÁREA E POPULAÇÃO DE CADA PAÍS NO CONJUNTO DA BACIA AMAZÔNICA

País	Área (%)	População (%)
Brasil	69,2	87,8
Bolívia	9,2	4,4
Peru	8,7	4,7
Equador	1,9	0,6
Colômbia	8,8	2,3
Venezuela	2,2	0,2
Total	**100,0**	**100,0**

Fonte: Carlos de Meira Mattos, *Brasil — Geopolítica e destino*, Rio de Janeiro, José Olympio.

◆ Inferno verde, paraíso em chamas

A parte brasileira da Bacia Amazônica é não só a mais extensa e populosa de toda a Amazônia Internacional como também a área que mais tem sofrido os efeitos da ocupação humana.

Desde os anos 1970, o desflorestamento tem se tornado mais intenso em toda a área da Bacia Amazônica. Em 1978 o desmatamento atingia apenas 3,8% da área florestada e atualmente está alcançando a marca de 15%. Os estados brasileiros mais afetados por esse fenômeno foram Pará, Rondônia, Mato Grosso e Maranhão. Esses quatro estados concentram cerca de três quartos de toda a destruição florestal. Se considerarmos que os menores índices são aqueles registrados no Amapá e em Roraima, podemos concluir que o desmatamento tem sido mais dramático nas porções orientais e meridionais da bacia hidrográfica.

O ARCO DO DESMATAMENTO

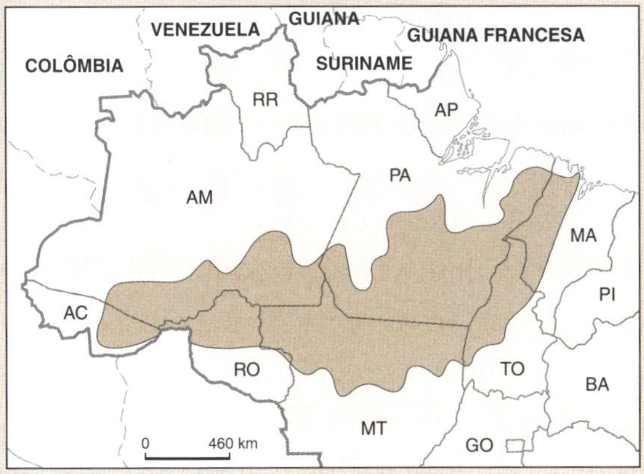

O DESMATAMENTO NA BACIA AMAZÔNICA

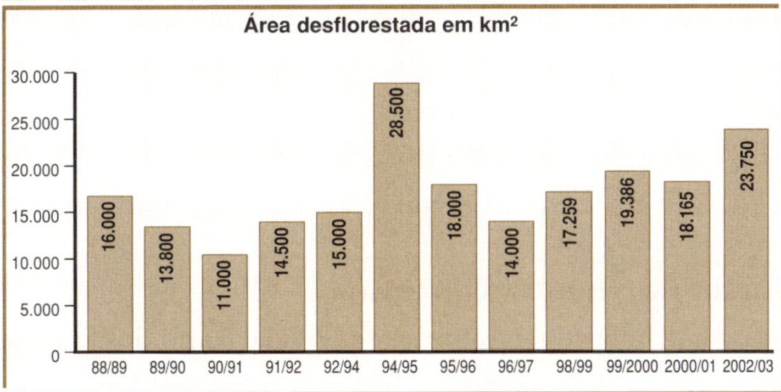

Fonte: *INPE*.

Essa concentração geográfica da destruição tem como explicação fundamental o processo de ocupação pelo qual toda a Amazônia brasileira tem passado nas últimas décadas. Até os anos 1960, o fenômeno do desmatamento era bem pouco expressivo, não só em razão da pequena população radicada na região, mas também por causa das atividades econômicas então desenvolvidas, especialmente o extrativismo vegetal (borracha, castanha), que causavam pequenos danos ao meio ambiente. Nessa época praticamente só havia uma forma de penetração na região, representada pela navegação fluvial, o que também contribuía para a preservação da vegetação florestal.

A estratégia do governo brasileiro em integrar a Amazônia ao contexto econômico do país mudou esse panorama. Primeiro a transferência da capital federal para Brasília e posteriormente a construção de rodovias de integração, como a Belém–Brasília, estimularam a expansão das atividades primárias ao longo das novas estradas que cruzavam a região.

A partir de 1968, e ao longo dos anos 1970, novas rodovias – entre as quais a Cuiabá–Porto Velho, a Cuiabá–Santarém e a Transamazônica – passaram a ser construídas. Essas obras, bem com a descoberta de novas jazidas minerais e o estímulo à colonização das terras disponíveis, impulsionaram ainda mais a ocupação e o desmatamento.

A estratégia de integração nacional inverteu o eixo da colonização amazônica. Da época colonial até meados do século XX, as correntes principais de povoamento moviam-se no sentido leste–oeste, através dos cursos fluviais, estabelecendo núcleos junto às margens dos rios da Bacia Amazônica. Nas últimas décadas, porém, os fluxos migratórios movem-se no sentido sul–norte, através das rodovias que interligam o Centro-Sul à Amazônia. Rasgando a floresta, a colonização contemporânea passou a exercer um impacto inédito sobre o ambiente natural.

Dos fortes portugueses ao Sivam

A Amazônia sempre esteve presente no imaginário dos brasileiros. Isso pode ser constatado, pelo menos parcialmente, em nosso hino nacional, que louva o "gigante pela própria natureza (...) deitado eternamente em berço esplêndido". É claro que o gigante e o berço esplêndido têm muito a ver com a imensa Amazônia e suas riquezas. De forma talvez um pouco menos ufanista, a Amazônia tem sido descrita e analisada como região periférica de um país periférico, vazio demográfico, reserva de recursos, pulmão do planeta, última fronteira, espaço de conflitos, inferno verde, paraíso em chamas.

Por causa de seu potencial em riquezas reais e imaginárias, a ideia de uma ocupação e controle efetivo do espaço amazônico remonta à época colonial. Assim, em 1616, a Coroa portuguesa fundou o Forte do Presépio de Belém. A fortificação que deu origem à atual capital paraense era um sinal de posse e localizava-se em terras de Portugal, porém muito próximas do Meridiano de Tordesilhas.

Nessa época Portugal e Espanha formavam a União Ibérica, que durou de 1580 a 1640, situação que tornava anacrônico o Tratado de Tordesilhas. Aproveitando-se dessa circunstância, os portugueses organizaram expedições, tanto durante a fase da União Ibérica como depois da restauração, quando implantaram fortes ao longo do Amazonas e seus afluentes. Ao mesmo tempo, o governo colonial estimulou o estabelecimento de diversas ordens religiosas que se constituíram no sustentáculo para sua política colonial na região.

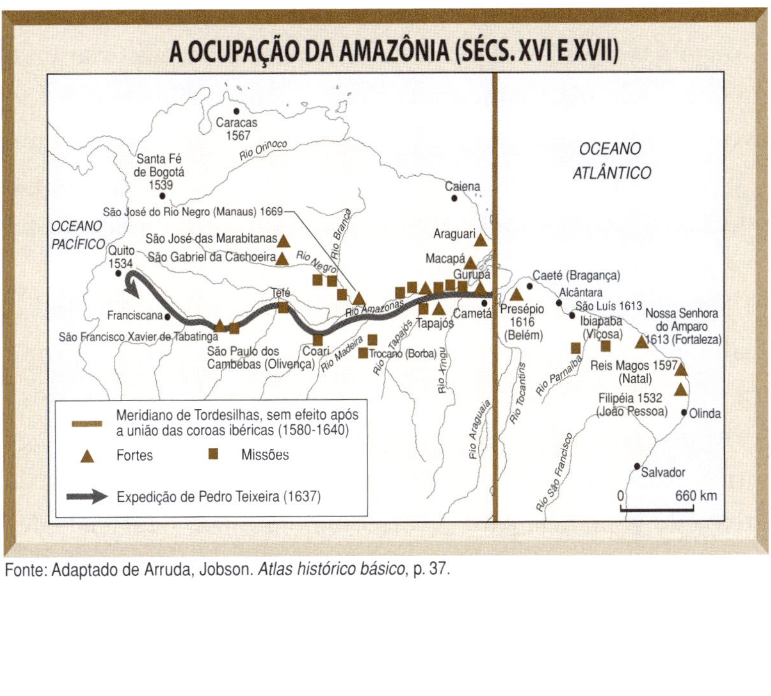

Fonte: Adaptado de Arruda, Jobson. *Atlas histórico básico*, p. 37.

Essa estratégia já ficava evidenciada quando da fundação do Forte do Presépio de Belém. O nome dado a esse núcleo revelava uma dimensão militar (forte) e religiosa (presépio). Em 1750, o Tratado de Madri substituía o de Tordesilhas e confirmava o controle lusitano sobre a quase totalidade da atual Amazônia brasileira.

Durante toda a época colonial, a Amazônia portuguesa manteve ligações econômicas quase que exclusivamente com a Europa, abastecendo os europeus de produtos da coleta feita na floresta: as chamadas "drogas do sertão". Nesse período, a ocupação do território amazônico ficou restrita às várzeas do rio principal e de alguns de seus afluentes. Foram junto aos fortes e às missões religiosas que surgiram os primeiros povoados e vilas.

A Amazônia só voltou a despertar interesse nacional e internacional no final do século XIX, quando teve início o ciclo da borracha, que se estendeu até o final da segunda década do século XX. Com a decadência da exploração da *Hevea brasiliensis*, a região passou por uma longa fase de dormência econômica que se prolongou por quase meio século.

Só a partir da década de 1950 é que o governo federal, concomitantemente ao processo de instalação da nova capital federal no Planalto Central, iniciou um projeto estratégico que visava integrar a Amazônia ao contexto geoeconômico do país. Para cumprir esse ambicioso objetivo, ao longo das décadas seguintes, sucessivos governos criaram e mantiveram órgãos de planejamento regional, como a Superintendência do Desenvolvimento da Amazônia (Sudam) – atual Agência de Desenvolvimento da Amazônia –, e de incentivo ao setor industrial, como a Superintendência da Zona Franca de Manaus (Suframa), além de projetos que visavam avaliar as potencialidades dos recursos da região.

O Estado passou também a implantar uma infra-estrutura viária (especialmente as rodovias de integração) e energética e propiciou a compra subsidiada de glebas de terras por parte de empresários nacionais e estrangeiros. Além disso, empresas estatais associaram-se a empresas transnacionais para explorar recursos minerais. A ideia de criar um sistema de vigilância para a Amazônia, no início da década de 1990, talvez seja o corolário desse processo.

Um outro aspecto que deve ser salientado é que as extensas fronteiras internacionais do Brasil nessa área, em grande parte sem marcos ou sinais visíveis de repartição, acabaram se transformando numa espécie de terra de ninguém, usada por contrabandistas de armas e drogas e predadores do meio ambiente. Foi preocupado com esta situação que o governo brasileiro, ao longo da última década do século XX, se propôs a desenvolver para a região um projeto nitidamente geopolítico: o Sistema de Vigilância da Amazônia (Sivam).

O projeto é constituído de uma rede de grande sofisticação tecnológica, formada por dezenas de aviões, meia dúzia de satélites, 25 radares, 87 estações de recepção de imagens, 200 plataformas de coleta de dados nos rios e pelos Centros Regionais de Vigilância (CRV) situados em Porto Velho, Manaus e Belém, todos conectados a Brasília.

Fonte: *Folha de S.Paulo*, 20 nov. 1995.

Estima-se que atualmente mais de mil e quinhentos voos por ano cruzem os céus da Amazônia Legal sem que as autoridades brasileiras tenham qualquer controle sobre eles. Calcula-se que cerca de 90% deles sejam clandestinos e transportem drogas e armas. Os dados obtidos pelo Sivam permitirão à Polícia Federal planejar ações eficientes contra o crime organizado. Além da vigilância do tráfego aéreo, o Sivam também fiscalizará desmatamentos, queimadas e outras formas de agressões ambientais. Seus equipamentos permitirão também fazer prospecções no subsolo da área coberta, ajudando a localizar jazidas de minérios e obter outras informações úteis ao país.

Quando estiver funcionando plenamente, o sistema permitirá a identificação de qualquer avião, por menor que seja, que sobrevoe a vasta área da Amazônia. É praticamente certo que informações do Sivam possam ser compartilhadas com países vizinhos.

Parte 3

México: Um País Entre Dois Mundos

O México é o país mais importante da porção norte da América Latina. Com o Brasil e a Argentina, forma o conjunto dos países mais desenvolvidos do continente.

Situado aproximadamente entre os paralelos de 15 e 32 graus de latitude norte e cortado mais ou menos em sua porção central pelo Trópico de Câncer, o México possui uma superfície de quase 2 milhões de quilômetros quadrados, condição que o coloca no 13º lugar entre os mais extensos países do mundo e em 3º lugar entre os demais países da América Latina.

Dono de uma posição geográfica privilegiada, possui duas amplas fachadas litorâneas: uma voltada para o Oceano Atlântico, formada pelo Golfo do México, que facilita as ligações do país com a Europa; outra voltada para o Oceano Pacífico, que inclui o Golfo da Califórnia e a península homônima, que facilita o contato do país com o Extremo Oriente.

Ao norte, o território mexicano tem uma extensa fronteira com os Estados Unidos, a qual se confunde em grande parte com o curso do Rio Grande ou Bravo del Norte. Ao sul-sudeste faz fronteira com a Guatemala e com Belize, dois países da América Central.

9. "Tão longe de Deus e tão perto dos Estados Unidos"

TERRA DOS ORGULHOSOS ASTECAS, CUJA CIVILIZAÇÃO FOI DIZIMADA PELOS COLONIALISTAS ESPANHÓIS, O MÉXICO, DESDE SUA INDEPENDÊNCIA, CONSOLIDOU-SE COMO ESPAÇO DE FRONTEIRA ENTRE O MUNDO LATINO-AMERICANO E O SEU EXPANSIONISTA VIZINHO ANGLO-SAXÃO.

Até o início do século XIX, o México fez parte do império colonial espanhol, tendo sido o centro do "Vice-Reinado da Nova Espanha". Enquanto colônia, forneceu várias riquezas minerais aos conquistadores, principalmente ouro e prata.

Além da exploração econômica, os três séculos de dominação espanhola deram como resultado uma estratificação social que praticamente é mantida até hoje. Na parte superior da pirâmide social mexicana, estão os *criollos*, brancos de origem europeia nascidos na América, que constituem cerca de 15% da população e detêm o poder político e econômico do país. Na base da pirâmide, estão os ameríndios, que correspondem a mais ou menos 25% do efetivo populacional. Na parte intermediária da pirâmide social, está um numeroso contingente de mestiços de brancos e índios que representa aproximadamente 60% do total de mexicanos.

A grande cidade de Tenochtitlán, de Diego Rivera, o mais famoso pintor mexicano.

Ao se tornar independente, o México inicialmente adotou a forma monárquica, e seu território, nessa época, chegou a incluir grande parte do istmo da América Central e quase toda a porção sul-sudoeste dos Estados Unidos atuais.

Mas, quando o império mexicano foi desfeito, em 1823, a parte da América Central dele se separou. Depois, organizado sob forma de república, o México tentou consolidar-se por meio de uma federação de estados semiautônomos, ao que se opuseram forças centralistas. Isso levou o país a um longo período de turbulências e conflitos internos, com ascensão e queda de políticos oportunistas (os "caudilhos"), o que acabou por ensejar intervenções externas.

O México foi uma das primeiras vítimas do nascente imperialismo norte-americano no século XIX. Num primeiro momento, os Estados Unidos sabotaram a possibilidade de se formar um Estado forte próximo à sua fronteira sul. Em seguida, explorando as instabilidades internas do México, conquistaram mais de 1 milhão de quilômetros quadrados de territórios originalmente mexicanos. Esses territórios correspondem aos atuais estados norte-americanos do Texas, Arizona, Novo México e Califórnia.

Desde então, a política externa mexicana tem sido determinada, em grande parte, pelas relações que o país mantém com o seu poderoso vizinho do norte. Embora acomodado pela necessidade de guardar certo "respeito" em relação aos interesses dos Estados Unidos, o México mantém ainda vivos

A REGRESSÃO TERRITORIAL DO MÉXICO

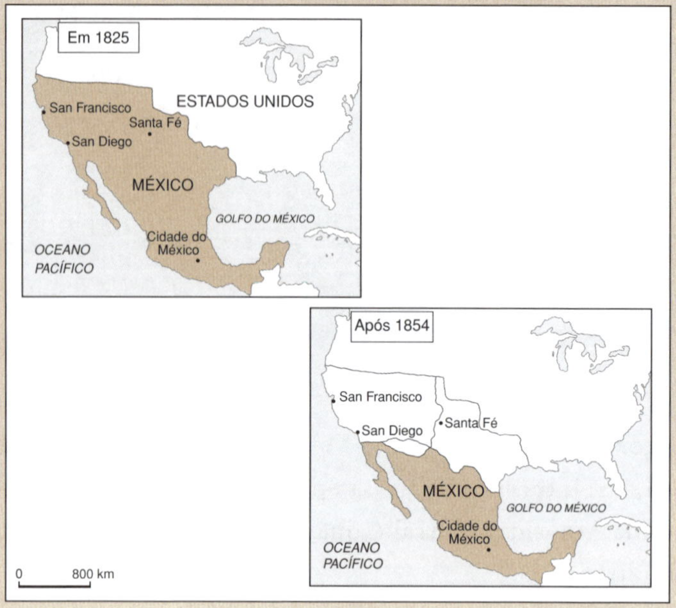

antigos sentimentos de antagonismo, apesar das declarações oficiais de amizade. Isso porque as intervenções norte-americanas no México deixaram fortes lembranças de ultrajes, que o tempo não conseguiu apagar inteiramente.

Entretanto, a maioria dos norte-americanos tende a menosprezar ou simplesmente ignorar os ressentimentos históricos mexicanos. Não há dúvida de que para isso contribuiu a imagem estereotipada e depreciativa dos mexicanos passada pelo cinema norte-americano.

Em contrapartida, a visão que os mexicanos têm da sociedade norte-americana é bastante ambígua. Se, de um lado, reconhecem a alta eficiência tecnológica de seu vizinho, de outro, eles a julgam vulgar, supermaterialista e extremamente apegada ao lucro. Em razão de tudo isso, os mexicanos tendem, na medida do possível, a valorizar suas tradições culturais tentando preservá-las do perigo da americanização. E desde a criação do Acordo de Livre Comércio da América do Norte (Nafta), no início da década de 1990, essa tendência de *distanciamento* cultural vem-se atenuando consideravelmente.

10. Os caminhos do Nafta

O México vem passando nos últimos anos por profundas transformações. A mais importante delas talvez tenha sido sua integração ao Nafta. Estar tão perto dos Estados Unidos e a eles integrado será uma bênção ou um castigo?

A grande transformação econômica pela qual o México vem passando nos últimos anos está intimamente ligada à criação do Nafta. Os desdobramentos políticos e econômicos decorrentes do fim da Guerra Fria levaram os Estados Unidos a fazer uma revisão de suas estratégias no que dizia respeito à sua inserção na economia mundial. É nesse contexto que se deve entender o interesse desse poderoso país em tentar ampliar o tamanho de seus mercados e sua intenção de constituir blocos econômicos supranacionais.

Em 1990, o governo norte-americano lançou um plano denominado "Iniciativa para as Américas", cujo objetivo era criar uma ampla zona de livre comércio que envolvesse todo o continente americano, isto é, um enorme bloco econômico que se estenderia "do Alasca à Terra do Fogo".

Não há dúvida de que a Iniciativa para as Américas sinalizava o grande interesse dos Estados Unidos em relação à América Latina, a única região com a qual os norte-americanos mantinham (e ainda mantêm) superávits em sua balança comercial.

A criação do Nafta, em 1992, foi o passo inicial na direção da integração continental. Assinado pelos Estados Unidos, México e Canadá, o tratado, que entrou em vigor em 1994, propunha a abolição gradativa, com prazo máximo de quinze anos, das tarifas alfandegárias entre os países signatários. Vale ressaltar que os acordos que geraram o Nafta ficavam restritos exclusivamente ao âmbito econômico. Não estava prevista a criação de instituições políticas comuns entre os três países, muito menos a livre circulação de pessoas.

ASPECTOS DOS PAÍSES DO NAFTA

PAÍS	ÁREA (km^2)	POPULAÇÃO (milhões)	PIB (US$ bilhões)	RENDA *PER CAPITA* (US$)
Estados Unidos	9.372.614	288,5	9.837,4	34.100
Canadá	9.970.610	31,3	687,9	21.130
México	1.972.547	101,8	574,5	5.070

Fonte: *Almanaque Abril*, 2003.

Assim, do ponto de vista dos Estados Unidos, a participação do México no Nafta está ligada também a um claro objetivo geopolítico: os investimentos norte-americanos deveriam gerar empregos no México e, consequentemente, diminuir a pressão migratória para o território norte-americano.

Do ponto de vista econômico, dos três "sócios" do Nafta, o México é sem dúvida o mais fraco. Assim, em termos quantitativos, o PIB (Produto Interno Bruto) mexicano, de quase 600 bilhões de dólares, é um pouco menor que o do Canadá, mas quase vinte vezes menor que o dos Estados Unidos.

Durante a primeira década de existência do Nafta, a circulação de mercadorias no interior do bloco cresceu mais de 150%. O sucesso do aumento das trocas comerciais, principalmente para os Estados Unidos, impulsionou o crescimento econômico do México, cujo PIB praticamente dobrou na década de 1990. Em 2001, o volume do PIB mexicano suplantou o do Brasil, destacando-se como o maior da América Latina.

Em contrapartida, o Nafta tornou a economia mexicana muito dependente da norte-americana. Só para se ter uma ideia, cerca de 80% de todo o comércio exterior do México é feito com seu poderoso vizinho do norte. Para atenuar essa dependência, a estratégia do governo mexicano tem sido, nos últimos anos, a de buscar outros parceiros comerciais. Daí a implementação de acordos bilaterais com a União Europeia e com vários países latino-americanos.

DEPENDÊNCIA COMERCIAL DO MÉXICO

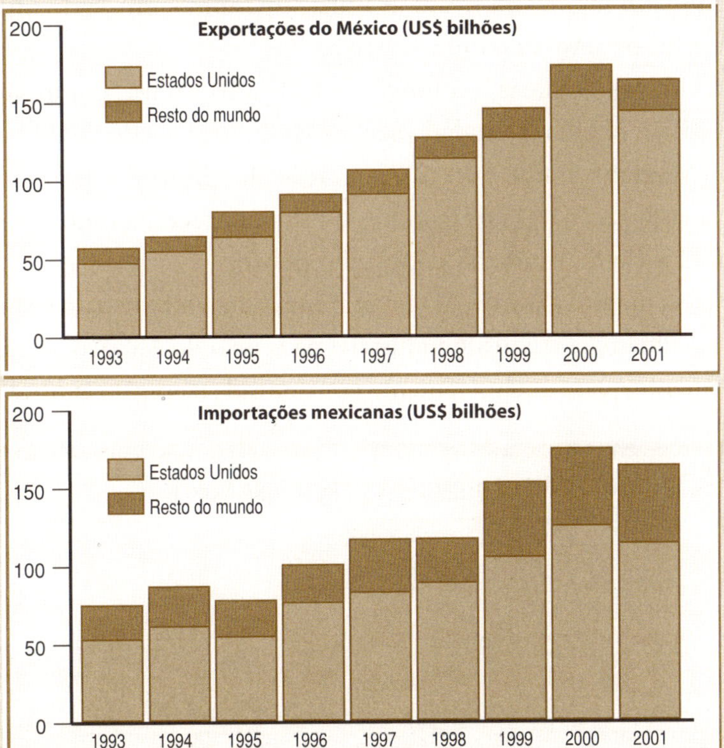

Desde 1994, data da criação do Nafta, as exportações mexicanas praticamente triplicaram. Atualmente, mais de 75% do comércio exterior do México é feito com os Estados Unidos.

Diferentemente de seus parceiros do Nafta, o México apresenta profundas desigualdades sociais, um crescimento vegetativo bem mais elevado e graves indicadores de pobreza (cerca de 25 milhões de mexicanos vivem abaixo da linha de pobreza). O desenvolvimento do Nafta fez acentuar ainda mais não só as disparidades sociais como também as desigualdades regionais internas. A região norte do país, junto à fronteira com os Estados Unidos, foi a mais beneficiada.

Foi nessa área que nas últimas décadas se instalaram quase 2 mil fábricas de empresas norte-americanas, que aproveitavam especialmente a baixa remuneração da mão-de-obra mexicana. Conhecidas como "maquiladoras", essas unidades fabris localizam-se em cidades mexicanas junto à fronteira, tendo do outro lado uma cidade "gêmea" dos Estados Unidos. De maneira geral, as maquiladoras funcionam da seguinte forma: do lado mexicano ficam as linhas de montagem, e do outro lado da fronteira, os setores administrativos.

Há cidades "gêmeas" ao longo de toda a fronteira, como são os casos de El Paso (EUA) e Ciudad Juarez (México), Laredo (EUA) e Nueva Laredo (México), entre outras. A geração de empregos pelas maquiladoras e a emigração para os Estados Unidos aparecem como alternativas para a melhoria de renda da população pobre.

O crescimento das maquiladoras contribuiu também para o surgimento de uma dinâmica atividade industrial na região do México setentrional, anteriormente quase exclusivamente concentrada na região central do país.

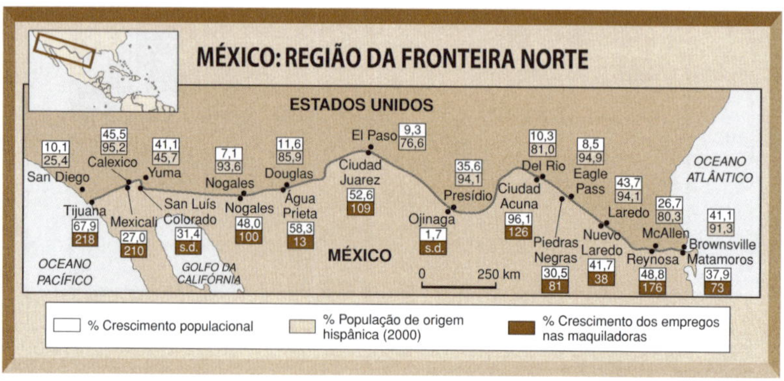

Fonte: *The Economist*, 7 jul. 2001.

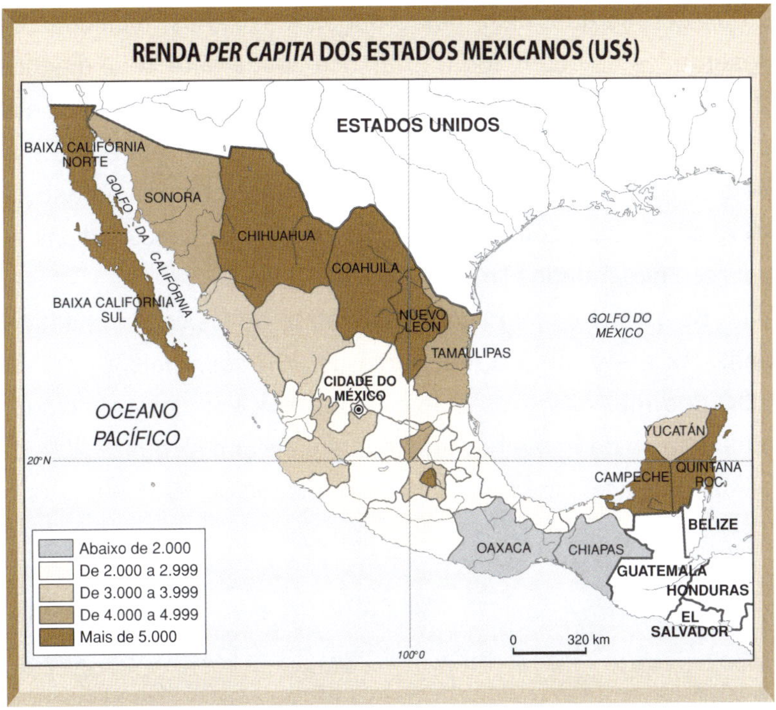

Fonte: *The Economist*, 26 out. 2000 (Survey México).

Tensões da fronteira

A fronteira entre o México e os Estados Unidos é um dos mais claros limites entre o mundo rico e o mundo pobre. Em quase toda a faixa fronteiriça existe um muro, intercalado por trechos de arame farpado, controlado diuturnamente pela guarda de fronteira norte-americana e por sofisticados sistemas eletrônicos, cujo objetivo é impedir a todo custo a entrada de imigrantes ilegais nos Estados Unidos.

A cada dia, milhares de pessoas, atraídas pela riqueza da maior potência econômica do mundo, tentam cruzar essa fronteira em busca de uma nova vida. Os que não conseguem permanecem na região à espera de uma nova oportunidade. Essa situação gerou uma verdadeira "explosão demográfica" no norte do México, já que, além dos próprios mexicanos, multidões de deserdados de quase toda a América Latina para lá se dirigem. Consequentemente, surgiram enormes bolsões de pobreza que nada ficam a dever às piores favelas brasileiras, fato que se repete em menor escala do lado americano, como é o caso de McAllen (Texas), considerada a cidade com os piores índices de pobreza dos Estados Unidos.

Se o ritmo de migração para o norte do México for mantido, analistas preveem que, em cerca de 25 anos, mais ou menos 40% dos mexicanos estarão vivendo nos estados localizados junto à faixa de fronteira. Atualmente, já vivem ali quase 20% da população mexicana (em 1990 eram menos de 15%).

LES STONE/CORBIS-STOCK PHOTOS

Fronteira do México com os Estados Unidos: um muro separa dois mundos.

A cada dia cruzam a fronteira do México para os Estados Unidos cerca de 1 bilhão de barris de petróleo, 400 toneladas de pimenta, 240 mil lâmpadas, além de 51 milhões de dólares em peças de todo tipo. A fronteira é também uma faixa de tensão geopolítica devido ao tráfico de drogas e de armas e aos fluxos de imigração ilegal.

Escondidos em fundos falsos de caminhões, caminhonetes e vans, viajam toneladas de remédios banidos por lei, sapatos feitos com pele de animais em extinção, além de heroína, maconha e cocaína. O combate aos cartéis do narcotráfico é um dos pontos centrais das relações entre o México e os Estados Unidos.

O tráfico de imigrantes ilegais tornou-se também um problema de segurança nacional no México. Esse "comércio", que movimenta cerca de 5 bilhões de dólares anuais, é controlado por máfias com ramificações internacionais em todo o mundo. Os "guias" desses imigrantes ilegais, conhecidos como "coiotes", chegam a cobrar 2 mil dólares por travessia. Nas últimas duas décadas não foram poucos os imigrantes que perderam a vida na tentativa de atravessar a fronteira. Embora parte deles seja capturada pela polícia de fronteira norte-americana e mandada de volta para o México, estimativas apontam que a cada ano transita pela fronteira cerca de 1 milhão de imigrantes ilegais.

11. A revolta em Chiapas e o fim de uma era

Chiapas é o mais pobre estado do México. Foi ali que, em 1994, irrompeu a rebelião do Exército Zapatista de Libertação Nacional. Este que foi o primeiro movimento consistente contra a globalização contribuiu para pôr fim às estruturas políticas que dominavam o México desde 1929.

Se ao longo da última década do século XX o mundo ouviu falar muito do norte do México e suas maquiladoras, também passou a ouvir falar de Chiapas, um dos 32 estados que compõem a federação mexicana.

Chiapas, o mais meridional dos estados mexicanos, faz fronteira com a Guatemala, da qual foi parte integrante até 1842. Localizado em zona intertropical, com domínio de climas quentes e úmidos, parcialmente recoberto por densas florestas tropicais, Chiapas caracteriza-se por ser um dos mais pobres estados do país. Seu PIB *per capita* chega a ser três vezes menor que o dos estados do norte do país.

É também aquele em que os indígenas constituem um grupo de expressiva representação demográfica. Enquanto em Chiapas cerca de 25% da população é descendente dos habitantes já presentes antes da colonização, nos demais estados mexicanos os indígenas não chegam a 10% da população. Ali, a pobreza rural intensa associa-se com a base demográfica indígena, gerando tensões políticas muito fortes.

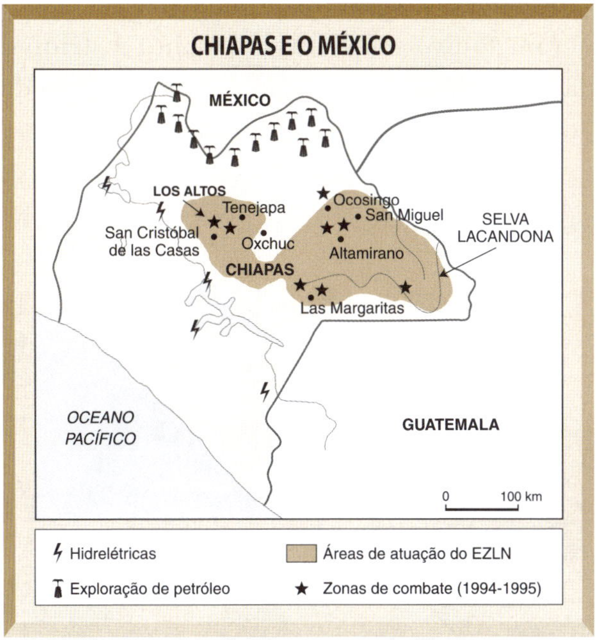

Fontes: *Mondes Rebelles, Dictionnaire de Geopolitique, My web worldnet/Chiapas* e *Le Monde Diplomatique.*

Apesar de pobre, Chiapas não pode ser considerado um estado sem recursos. Concentra a metade da hidreletricidade gerada no país, tem um potencial com alguma expressão em petróleo e em recursos florestais, além de ser o maior produtor de café e o segundo colocado na produção de arroz e na produção pecuária.

Todavia Chiapas, com o vizinho estado de Oaxaca, detém os recordes de pobreza no seio da federação. A desnutrição atinge metade da população, o analfabetismo, cerca de 30%, e aproximadamente 60% da população estadual recebe menos que o salário mínimo nacional.

O que fez Chiapas frequentar o noticiário internacional foi o fato de o Exército Zapatista de Libertação Nacional (EZLN) – um grupo até então desconhecido – tomar de assalto sete cidades localizadas no estado, em 1º de janeiro de 1994.

As reivindicações zapatistas abrangiam vários níveis. Algumas eram de cunho regional, como a instauração de processos criminais contra os últimos governadores e providências para a melhoria das condições de vida das populações da área. Outras reivindicações eram muito mais amplas, como a demissão do então presidente da República, a formação de um governo de transição e a organização de uma eleição sem fraudes. Por fim, o movimento colocava-se contra a criação do Nafta e, por extensão, contra o processo de globalização.

BISSON BERNARD/CORBIS SYGMA-STOCK PHOTOS

Manifestação de zapatistas na Cidade do México (fevereiro de 2001).

Por causa da época em que surgiu, da forma pela qual se manifestou e das reivindicações de que foi portador, o EZLN pode ser considerado o primeiro movimento consistente contra a globalização e o neoliberalismo. Ao mesmo tempo, contribuiu decisivamente para que mudanças ocorressem na política interna do México. Destas, a principal talvez tenha sido o fim, em 2000, do longo domínio político do Partido Revolucionário Institucional (PRI), que, durante cerca de setenta anos esteve, sem interrupção, encastelado no poder do país.

A revolução inacabada de Villa e Zapata

O grupo que liderou a revolta em Chiapas, o Exército Zapatista de Libertação Nacional, escolheu esse nome em homenagem ao líder camponês revolucionário Emiliano Zapata (1879-1917). Durante a Revolução Mexicana (1910-1917), Zapata e seus companheiros contribuíram para a derrubada do ditador Porfirio Díaz. Ao lado de Pancho Villa (líder dos camponeses do norte), Zapata pretendia uma reforma agrária que expropriasse as terras dos proprietários beneficiados pela longa ditadura de Díaz. Muitos historiadores consideram a Revolução Mexicana como um dos mais importantes eventos políticos registrados ao longo da conturbada história da América Latina. Posteriormente, as propostas de justiça social que nortearam a revolução não tiveram continuidade. Todavia, ficou o mito da revolução e de seu principal líder. Os rebeldes do EZLN que fizeram sua aparição no primeiro dia de 1994 em Chiapas exigiam terra e liberdade. Não por acaso, o lema de Zapata...

O fim da "ditadura perfeita"

O regime político mexicano teve, ao longo de quase todo o século XX, uma aparente solidez democrática. Entre 1929 e 2000, o poder no país foi exercido pelo PRI, e, embora em todo esse tempo vários partidos disputassem as eleições e a periodicidade destas nunca tenha sido truncada, o PRI funcionou na prática como se fosse o único partido existente. Muitas vezes, sua vitória eleitoral foi obtida por meio de métodos fraudulentos.

Em 1997, os partidos de oposição ao PRI obtiveram mais de metade das cadeiras da Câmara dos Deputados, pondo fim aos 68 anos de maioria parlamentar do PRI. Em seguida foi feita uma reforma eleitoral, e, em 2000, o país fez enfim uma eleição presidencial considerada limpa. O oposicionista Vicente Fox, do Partido da Ação Nacional, encabeçando um leque de forças de oposição, venceu o candidato do PRI, acabando com seu longo domínio.

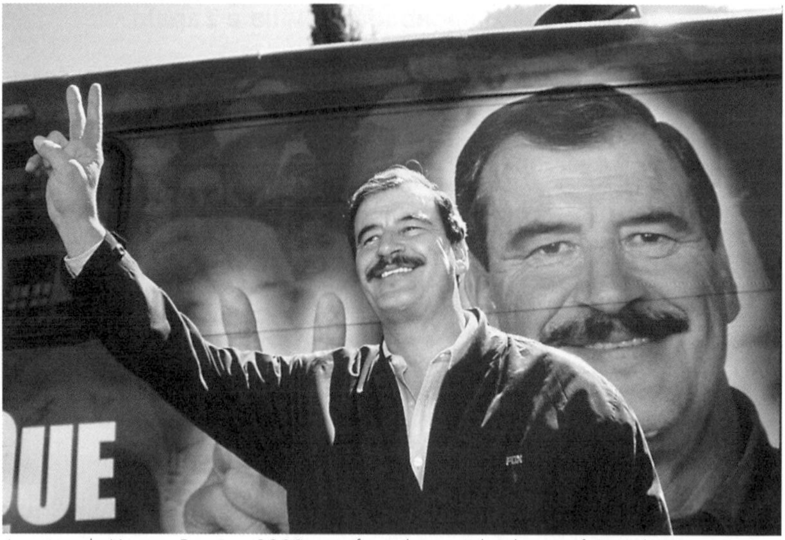

DORANTES SERGIO/CORBIS-STOCK PHOTOS

A vitória de Vicente Fox, em 2000, pôs fim à longa "ditadura perfeita" do PRI.

A eleição de Vicente Fox significou o fim de um ciclo histórico, assim como a confirmação das reformas liberais que eliminaram o tradicional nacionalismo econômico mexicano.

Parte 4

América Central: Istmo e Antilhas

A região conhecida como América Central é comumente dividida em duas partes distintas: uma parte continental ou ístmica, situada entre o México e a Venezuela, que compreende sete países, e outra insular, composta de treze Estados soberanos e uma série de dependências coloniais e semicoloniais, conhecida como Antilhas ou Caribe.

AMÉRICA CENTRAL: ISTMO E ANTILHAS

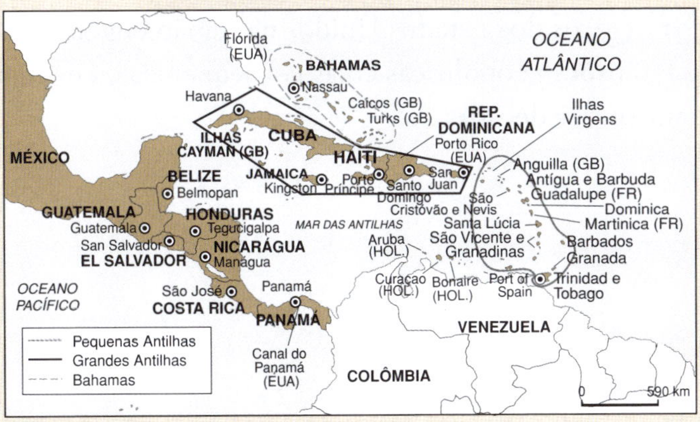

Situado aproximadamente entre os 7 e 25 graus de latitude norte, o conjunto de terras continentais e insulares da América Central apresenta características nitidamente tropicais, muitas vezes amenizadas pelo relevo.

Habitada, antes da chegada dos europeus no final do século XV, por ameríndios do grupo maia (na parte continental) e caribes e aruaques (na porção insular), a região recebeu o impacto dos colonialismos espanhol, britânico, francês, holandês e norte-americano.

A chegada de escravos negros trazidos da África, em particular para as Antilhas, especialmente entre os séculos XVII e XVIII, a inevitável mestiçagem e a vinda de trabalhadores livres da Ásia (mormente do subcontinente indiano) contribuíram para que a região se transformasse em um verdadeiro mosaico étnico.

O processo de descolonização da América Central, iniciado nas primeiras décadas do século XIX, estendeu-se, no caso das Pequenas Antilhas, até a segunda metade do século XX. Ainda hoje, nas Antilhas, há territórios sob tutela colonial ou semicolonial.

A independência, contudo, não foi completa, pois as nações centro-americanas livraram-se das metrópoles europeias, mas passaram gradativamente para a esfera de influência dos Estados Unidos.

A influência hegemônica dos Estados Unidos, iniciada durante o século XIX, mantém-se até a atualidade. A combinação entre as contradições socioeconômicas internas de várias nações e os interesses econômicos e estratégicos dos Estados Unidos na região engendrou situações conflitivas e tensões geopolíticas cujas consequências, em alguns casos, prolongaram-se por décadas.

12. Panorama visto do istmo

Os países do istmo, afetados periodicamente por catástrofes naturais (vulcanismo, terremotos, furacões), têm, na maioria, população formada por mestiços (ladinos) e ameríndios. Com economia basicamente primária, esses países apresentam sociedades marcadas por enormes desigualdades.

Com cerca de pouco mais de 550 mil quilômetros quadrados, extensão pouco menor que a do estado da Bahia, o istmo centro-americano corresponde a quase três quartos da superfície de toda a América Central e é formado por sete países. Cinco deles (Guatemala, Honduras, Nicarágua, Costa Rica e Panamá) têm a característica comum de serem "bioceânicos", isto é, são banhados tanto pelo Oceano Atlântico como pelo Pacífico. Já Belize tem litoral voltado somente para o Atlântico, enquanto El Salvador só possui litoral do lado do Pacífico.

No interior da América Central continental encontram-se duas regiões geograficamente distintas. Uma é a dos altiplanos centrais (e também das cordilheiras de formação geológica recente) e da costa do Pacífico, e a outra consiste na porção voltada para o Atlântico.

AMÉRICA CENTRAL: PARTE CONTINENTAL

Nos altiplanos centrais predomina o clima tropical, só que bastante atenuado pelo efeito da altitude, e encontram-se manchas de solos férteis de origem vulcânica, locais onde ocorrem os maiores adensamentos populacionais. Desde o período pré-colombiano, há nessa região uma maior concentração populacional e o desenvolvimento de atividades econômicas, que se intensificaram ainda mais com a chegada dos espanhóis.

O RELEVO DO ISTMO

Radiografia da população

Antes da chegada do colonizador europeu, a região era habitada por ameríndios, com destaque para as populações do grupo maia. A dinâmica do processo colonizador levou a uma expressiva mestiçagem na América Central.

Os mestiços resultantes do contato do colonizador branco com os ameríndios, denominados "ladinos", correspondem a mais de 90% do efetivo populacional de El Salvador e Honduras, a cerca de 70% dos habitantes da Nicarágua e a aproximadamente dois terços da população do Panamá. Fogem a essa regra a Guatemala, a Costa Rica e Belize.

Na Guatemala, o grupo étnico dominante é o ameríndio (cerca de 60%), mas os ladinos representam quase 40% da população total. Na Costa Rica, os brancos de origem europeia são o grupo dominante, enquanto Belize é o único país do istmo onde os negros e os mulatos são a maioria – cerca de 75% do contingente total.

A presença de populações afro-americanas no istmo, com exceção de Belize, remonta ao século XIX, quando foram introduzidas *plantations* de bananas em alguns pontos do litoral do Caribe, atividade que atraiu imigrantes negros vindos da Jamaica e Pequenas Antilhas. Como consequência, este grupo étnico forma cerca de um pouco mais de 10% da população da Nicarágua e do Panamá. A integração entre o mundo mestiço dos altiplanos e da costa do Pacífico com o mundo negro e mulato da costa atlântica tem consistido num problema para esses países.

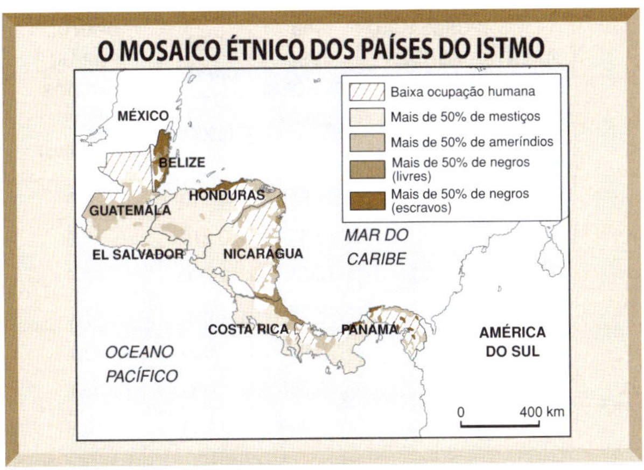

Fonte: Adaptado de *National Geographic Magazine*, abr. 1986.

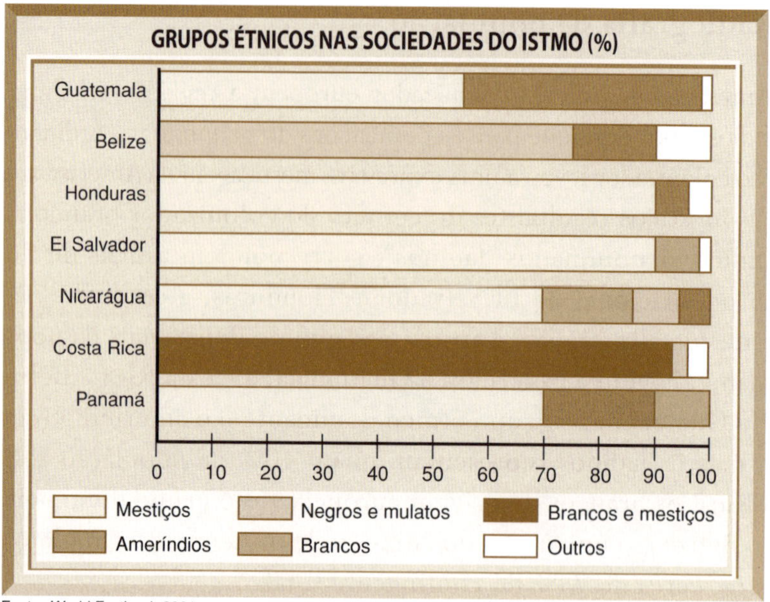

Fonte: *World Factbook 2001*.

A população absoluta dos sete países do istmo é de quase 40 milhões de pessoas, aproximadamente o total da população do estado de São Paulo. Os países mais populosos são Honduras e El Salvador, cada qual com cerca de sete milhões de habitantes. O menos populoso é Belize, com uma população que não atinge 300 mil pessoas.

CONTRASTES DOS PAÍSES DO ISTMO

PAÍS	ÁREA (km^2)	POPULAÇÃO (MILHÕES DE HAB.) (2002)	PIB (US$ MILHÕES) (2000)	RENDA *PER CAPITA* (US$) (2000)	MORTALIDADE INFANTIL (POR MIL NASCIDOS VIVOS) (2000-2005)	IDH* (2000)
Belize	22.965	0,2	820	3.110	30,0	0,784
Costa Rica	51.100	4,2	15.851	3.810	10,9	0,820
El Salvador	21.041	6,5	13.211	2.000	26,4	0,706
Guatemala	108.889	12,0	18.988	1.680	41,2	0,631
Honduras	112.088	6,7	5.932	860	33,1	0,638
Nicarágua	130.682	5,3	2.396	400	35,7	0,635
Panamá	75.517	2,9	9.889	3.260	18,6	0,787

Fonte: *Almanaque Abril*, 2003.

* IDH: Índice de Desenvolvimento Humano

Desde os primórdios da colonização espanhola, as terras altas, próximas à orla do Pacífico, sempre despertaram mais o interesse dos colonizadores por estarem ali presentes expressivas concentrações de ameríndios, que acabaram se transformando em mão-de-obra para as atividades econômicas por aqueles desenvolvidas.

Como resultado, até hoje, os altos vales das cordilheiras e a vertente do Pacífico concentram parcela expressiva da população regional. Já as planícies quentes, úmidas e florestadas do lado do Caribe apresentam uma ocupação bem mais rarefeita. Esse padrão de distribuição populacional continuou existindo mesmo após a independência

Economias dependentes, sociedades desiguais

A independência dos países do istmo da América Central aconteceu, com exceção do Panamá e Belize, ao longo da primeira metade do século XIX. Como países independentes, as novas repúblicas especializaram-se, assim como já acontecia na época colonial, no fornecimento de matérias-primas agrícolas e minerais para os mercados da Europa e, cada vez mais, para os Estados Unidos.

Assim, a Guatemala tornou-se um grande produtor de café, estando atualmente entre os dez maiores produtores mundiais. El Salvador tem quase dois terços de sua economia ligada às exportações de café e algodão. Honduras tem no café e, principalmente, nas frutas tropicais (especialmente banana) sua base econômica. Já na Nicarágua o algodão, o café e a cana-de-açúcar são os principais produtos.

A Costa Rica e o Panamá diferem um pouco do padrão geral existente no istmo. No primeiro país, além das tradicionais produções agrícolas típicas da região, o turismo é a principal atividade econômica. No Panamá, grande parte da economia está ligada às rendas obtidas pelo uso de seu canal interoceânico, atividade que gera mais riquezas que a produção de banana, açúcar e café.

Com o propósito de integrar suas economias e incentivar os investimentos industriais, Guatemala, El Salvador, Honduras, Nicarágua e

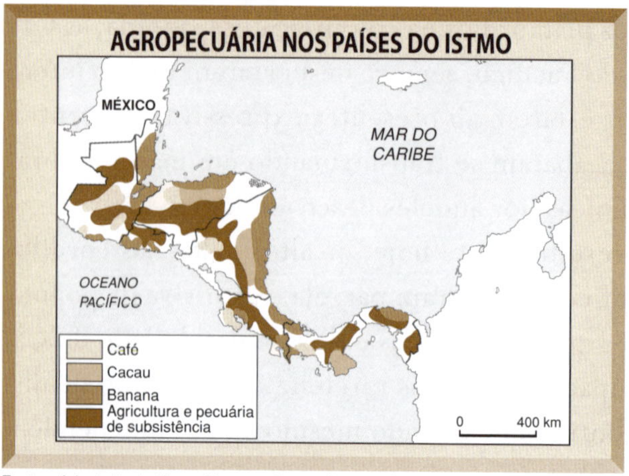

Fontes: Adaptado de Pierre George, *Geografia rural*. São Paulo, Difel, 1982, e *Atlas d'iniciation economique*. Paris, Hachette, 1990.

Costa Rica criaram, em 1960, o Mercado Comum Centro-Americano (MCCA). A ideia central da formação desse bloco econômico era a de promover uma industrialização integrada e eliminar gradativamente as barreiras alfandegárias.

Em sua primeira década de existência, o MCCA apresentou ótimos resultados para a economia da região, com o aumento significativo do comércio no interior do bloco. Todavia, a partir da década de 1970, os graves problemas políticos internos vividos especialmente pela Guatemala, El Salvador e Nicarágua praticamente puseram em xeque a existência do MCCA.

A partir da última década do século XX, as tentativas de retomada do processo de integração regional têm encontrado como obstáculos o pequeno mercado consumidor dos países-membros e a estrutura econômica ainda baseada no setor primário, cujos produtos estão voltados quase que exclusivamente para os mercados externos.

No conjunto do continente americano, os países do istmo representam menos de 1% do PIB continental, e seu principal parceiro comercial são os Estados Unidos – com importância bem menor, aparecem também o México, a Alemanha e o Japão.

Do ponto de vista social, à exceção da Costa Rica, todos os países do istmo têm como marca registrada as enormes desigualdades, resultado da grande concentração de terras e rendas. Na Guatemala, por exemplo, mais de 75% da população vive abaixo da linha de pobreza. Nesse país, cerca de 70% das terras estão nas mãos de apenas 2% da população. Situações mais ou menos similares verificam-se em El Salvador, Honduras e Nicarágua.

Novamente a Costa Rica e o Panamá fogem um pouco a esse padrão concentrador. O primeiro país não passou pelo processo de concentração fundiária, como aconteceu com seus vizinhos, e apresenta melhor distribuição de rendas. O Panamá, por sua vez, apresenta expressiva concentração de renda, mas, ao contrário dos demais países do istmo, o poder econômico e político não está nas mãos de grandes proprietários de terras, mas sim de uma restrita oligarquia urbana.

13. Uma evolução turbulenta

A história do istmo foi quase sempre marcada por muita turbulência política. Área de importância crucial para os Estados Unidos (por causa do Canal do Panamá), passou, nas últimas décadas do século XX, por conflitos internos que ensanguentaram Guatemala, El Salvador e Nicarágua.

Antes da chegada dos colonizadores espanhóis ao istmo, a região era povoada por vários grupos ameríndios pertencentes genericamente ao tronco maia. Do ponto de vista espacial, a principal herança deixada por esta ocupação foi a maior concentração populacional nos altiplanos e nas regiões próximas à costa do Pacífico. Por causa de sua insalubridade, especialmente no que dizia respeito à propagação de doenças, o litoral do Caribe, quente, úmido e florestado, foi praticamente ignorado pelos habitantes originais da região.

As primeiras décadas do século XVI presenciaram a chegada dos colonizadores espanhóis, que, vindos do México, penetraram nos atuais territórios da Guatemala, Honduras e El Salvador. Partindo também das porções ocidentais da América do Sul, ocuparam terras que hoje pertencem à Costa Rica, Nicarágua e Panamá. Em todo esse processo de ocupação, as populações ameríndias foram subjugadas, cooptadas, aculturadas e, muitas vezes, dizimadas.

A procura de metais preciosos e a utilização da mão-de-obra indígena na agricultura formaram a base da exploração colonial levada a efeito pelos espanhóis. Todavia, nenhuma dessas duas atividades teve o esplendor daquelas verificadas no México, Peru e Caribe.

A longa dominação espanhola no istmo – excetuando Belize –, que durou do início do século XVI aos primórdios do século XIX, teve como principal consequência espacial um povoamento disperso. Assim, quase todas as áreas que apresentavam maior concentração demográfica no período pré-colonial continuaram como tal após o domínio espanhol.

Os Estados nacionais surgidos na parte continental da América Central foram resultado do processo de descolonização. Durante a época colonial a região fez parte do Vice-Reinado da Nova Espanha, cujo centro era o México, e, dentro do território abarcado pelo vice-reino, a maior parte pertencia à Capitania Geral da Guatemala.

Esse tipo de organização administrativa imposta pelos espanhóis induziu à formação de elites regionais, que se constituíram em importante obstáculo para que não surgisse apenas um país que englobasse todo o Vice-Reinado da Nova Espanha ou mesmo todo o território da Capitania da Guatemala. É claro que também não era interessante aos Estados Unidos – já uma potência emergente no início do século XIX – que se formasse um país forte em sua fronteira meridional.

A dinâmica de fragmentação territorial ocorrida no istmo evoluiu para situações de guerras civis, conflitos de fronteiras, hostilidades variadas e desconfianças. Os novos Estados criados surgiram como reflexo do jogo de interesses das elites mestiças e das políticas regionais.

Assim, quando se tornou independente em 1821, o México teve sua ação quase imediatamente seguida pela Guatemala. Nessa época, um militar mexicano, Augustín Itúrbide, proclamou-se imperador e chegou a estabelecer um Estado monárquico que se estendeu por quase todo o Vice-Reinado da Nova Espanha. Todavia, o império de Itúrbide teve efêmera duração.

Em 1823, a Guatemala dele se separou formando em seguida a Confederação Centro-Americana, que envolvia terras da antiga Capitania Geral da Guatemala, isto é, os territórios atuais de todos os países do istmo, à exceção de Belize (colônia britânica) e Panamá (pertencente à Colômbia).

A Confederação também não durou muito em razão das pressões externas e dos interesses contraditórios das elites locais que se opunham ferrenhamente a um governo centralizado. Entre 1838 e 1841, todos os países que compunham a Confederação dela se desligaram, formando países independentes dominados pelas oligarquias locais. Desde então, o mapa do istmo passou a ter seus contornos políticos atuais, com exceção do Panamá, que continuou ligado à Colômbia até o início do século XX.

Ao longo do século XIX, a Espanha deixou de ter o domínio sobre o istmo da América Central, mas esse vácuo geopolítico foi sendo gradativamente preenchido pela presença hegemônica dos Estados Unidos.

A onipresença norte-americana

Os países do istmo centro-americano sempre estiveram presentes nas preocupações geopolíticas dos Estados Unidos. O ponto central desse interesse era a ideia da construção de um canal interoceânico na região, pois é nesta área que a distância entre os dois oceanos que banham o continente é menor.

A necessidade de construção desse canal ficou evidente para o governo norte-americano quando, em 1898, os Estados Unidos e a Espanha se enfrentaram por causa da independência de Cuba, e um navio de guerra norte-americano (o Oregon), que estava do lado do Pacífico, teve que fazer a rota do Cabo Horn (no sul do Chile) para se reunir à esquadra norte-americana que combatia no Mar das Antilhas.

A fim de concretizar o projeto de construção do canal, os Estados Unidos fizeram acordos com a Grã-Bretanha para obter a exclusividade da construção e a posse do canal (o Pacto Hay-Pauncefote, de 1901);

estimularam e garantiram a separação do Panamá, que até 1903 fazia parte da Colômbia; depois de garantirem a independência do Panamá, fizeram tratados com os governantes do novo país, que concederam a licença para a construção e exploração perpétua do canal (o Tratado da Hay-Bunau-Varilla, 1903). A partir de então, os sucessivos governos norte-americanos procuraram reforçar a defesa não só do canal mas também das áreas próximas a ele. Assim, adquiriram ilhas, como, por exemplo, as Ilhas Virgens, da Dinamarca (1917), e concessões para o estabelecimento de bases aeronavais em diversas ilhas do Caribe.

As obras do canal tiveram início em 1904, mas só foram concluídas em 1914. Por ele economiza-se uma viagem de mais de 20 mil quilômetros, distância que um navio percorre para ir da costa oeste da América Central

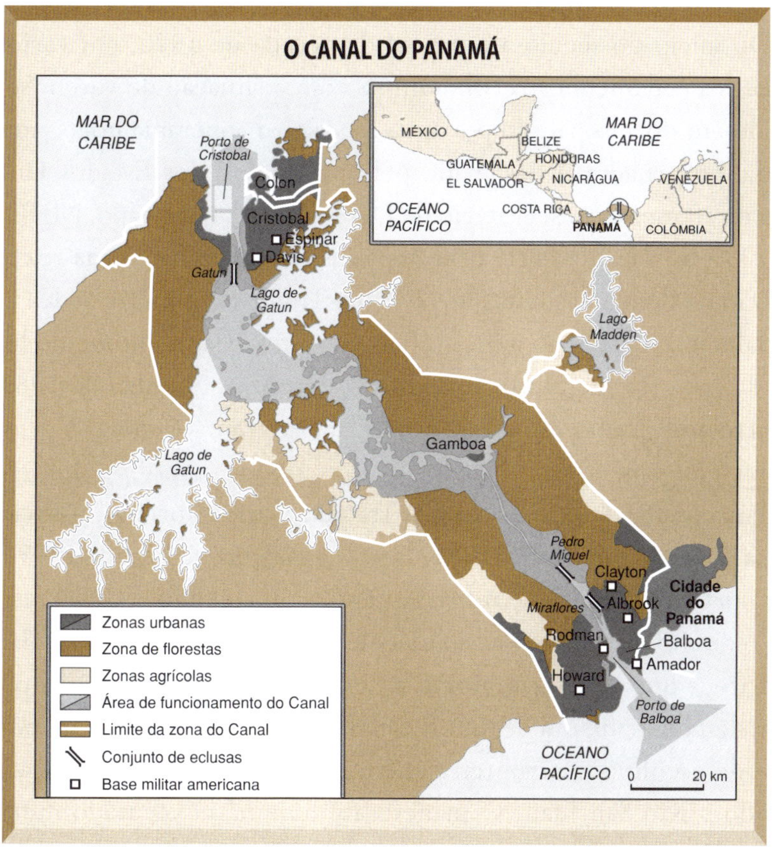

Fonte: *Le Monde Diplomatique*, ago. 1999.

até a costa leste pela rota do Cabo Horn ou do Estreito de Magalhães. O canal tem 81 quilômetros de extensão, largura variável de 90 a 350 metros e profundidade entre 12 e 30 metros. Três grupos de comportas (Miraflores, Pedro Miguel e Gatún) compensam o desnível entre os dois oceanos. Uma ferrovia de 77 quilômetros de extensão acompanha o canal, ligando as cidades de Panamá (no Pacífico) e Colón (no Atlântico).

Nos acordos assinados no início do século XX, o Panamá cedeu perpetuamente os direitos de construção e exploração do canal, além de uma faixa de 8 quilômetros, adjacente a cada margem do canal – a zona de segurança –, com 1.432 quilômetros quadrados. Incluíam-se também as águas dos dois oceanos a uma distância de 5 quilômetros da linha média das marés e todas as ilhas que estivessem dentro dessa faixa.

Do início do século até o final da década de 1970, em vários momentos, os panamenhos revoltaram-se com a situação de verem seu país dividido em dois, separado por uma área sob a soberania norte-americana, cujo governador é designado pelo presidente dos Estados Unidos e ligado diretamente ao secretário de Defesa norte-americano. No final dos anos 1980, as relações entre os dois países estiveram mais uma vez tensas, em razão de denúncias feitas nos Estados Unidos sobre atividades ilegais, especialmente ligadas ao narcotráfico, que envolviam o nome do homem forte do país, o general Manuel Antonio Noriega. No final de 1989, forças norte-americanas invadiram o país, capturaram o general Noriega e o levaram a julgamento nos Estados Unidos, onde cumpre pena.

Entretanto, de acordo com o Tratado Carter-Torrijos, assinado em 1977, a posse do canal foi transferida para o Panamá no final de 1999, quando os norte-americanos se retiraram em caráter definitivo, mas reservando-se o direito de reocupá-lo no caso de sua segurança ser ameaçada.

Parece que o governo norte-americano nunca descartou a possibilidade de construir um segundo canal no istmo, e o local há muito já teria sido escolhido: a fronteira entre a Nicarágua e a Costa Rica, aproveitando o Rio San Juan. O projeto até hoje não executado nunca foi, todavia, abandonado totalmente.

Relações complicadas

Desde a "edição" da Doutrina Monroe em 1823 – cuja frase-síntese é, como vimos, "A América para os americanos" –, diversos governos norte-americanos usaram dessa doutrina para intervir direta (com tropas) ou indiretamente (por meio de pressões diplomáticas ou sanções econômicas) em países do continente.

MUSEU DA CASA BRANCA, WASHINGTON, D.C.

O presidente norte-americano James Monroe foi o "criador" da doutrina geopolítica que leva seu nome.

Com a emergência da Guerra Fria, iniciada logo após o término da Segunda Guerra Mundial, os Estados Unidos remodelaram suas relações com a América Latina em geral. A criação da Organização dos Estados Americanos (OEA) e do Tratado Interamericano de Ajuda Recíproca (Tiar) fez parte da política que visava à contenção do expansionismo soviético na América.

Quando, em 1959, Fidel Castro chegou ao poder em Cuba e passou a ter contatos cada vez mais intensos com a União Soviética, as relações dos Estados Unidos com o restante dos países do continente tornaram-se mais tensas. Era fundamental para o governo norte-americano que o exemplo cubano não frutificasse em outros países do continente.

Foi nesse contexto que surgiu a Doutrina de Segurança Nacional, que tinha como ponto central o binômio segurança e desenvolvimento. Essa estratégia propunha redesenhar o papel das Forças Armadas de cada país do continente, atribuindo-lhes a função de coibir a ação e o crescimento de organizações ou movimentos de esquerda que questionassem o sistema de alianças criado pelos Estados Unidos.

O resultado dessa estratégia foi, especialmente nas décadas de 1960 e 1970, a disseminação na América Latina de regimes ditatoriais, comandados por militares ou civis a eles subordinados. Esse contexto geopolítico contribuiu para que eclodissem conflitos em três países do istmo: Guatemala, El Salvador e Nicarágua.

O conflito na Guatemala

Dos conflitos ocorridos na América Central, o da Guatemala foi o mais duradouro e, curiosamente, aquele que teve menor repercussão internacional. Iniciado nos primeiros anos da década de 1960, ele só terminou em 1996, com um saldo de mais de 100 mil mortos e centenas de milhares de refugiados.

A história da Guatemala independente foi marcada pela disputa interna entre liberais e conservadores, situação que se verificou até a metade do século XX.

Desde o começo dos anos 1960, a Guatemala passou a viver uma guerra civil que, embora limitada, tomou maior impulso ao longo da década seguinte. Os grupos que questionavam o governo central eram formados essencialmente por ladinos (grupo étnico que corresponde a pouco menos da metade da população do país) e que gradativamente se implantaram nas áreas majoritariamente ameríndias. Deve-se lembrar que a Guatemala é o único país do istmo em que os ameríndios correspondem à maioria da população. Especialmente nesse país, os ameríndios têm sido historicamente alvo de ações discriminatórias por parte dos ladinos.

Os insurgentes foram enfrentados não só pelas forças de segurança do governo, mas também por organizações paramilitares, principais responsáveis pelas atrocidades verificadas, particularmente contra as populações ameríndias, a pretexto da luta contra o comunismo.

Em 1985, o país passou por um processo de democratização, mas o Exército continuou a ter um papel central na sociedade e na política guatemaltecas. Depois de 1988, o governo tentou regular as questões cruciais do país como a má distribuição de terras e rendas e o retorno da paz civil, que só foi alcançada com a mediação da ONU em 1996. Apesar de longa, a guerrilha jamais conseguiu ter o destaque que tiveram aquelas ocorridas em El Salvador e na Nicarágua. Além disso, nunca consistiu numa forte ameaça ao regime guatemalteco.

A luta em El Salvador

O assassinato do arcebispo de San Salvador, Oscar Romero, em 1980, pôs em evidência para o mundo o conflito salvadorenho. A explosão de violência que ocorreu em El Salvador ao longo da década de 1980 teve como causa principal a injusta distribuição de rendas e terras. A maior parte dos solos férteis do país sempre esteve nas mãos de uma pequena oligarquia agrária ligada a cultivos de exportação, como café,

EVERETT/KEYSTONE

O filme *Salvador, o martírio de um povo*, do diretor norte-americano Oliver Stone, retratou a guerra civil que atingiu este país centro-americano.

cana-de-açúcar e algodão. Apenas uma ínfima parcela das terras é utilizada por uma verdadeira multidão de camponeses que pratica a agricultura de subsistência ou a pequena agricultura comercial.

Essa situação explica, em grande parte, a violência dos movimentos de oposição à oligarquia encastelada no poder e que para conservar seus privilégios se apoiou não só nas Forças Armadas tradicionais como também em grupos paramilitares. Durante toda a década de 1980, os militares salvadorenhos também receberam apoio moral e material do governo norte-americano, empenhado em impedir a expansão de movimentos de esquerda no continente.

Já a guerrilha, criada na década de 1970, organizou-se em torno da Frente Farabundo Martí de Libertação Nacional (FMLN) e chegou a dominar, no final da década seguinte, parcela expressiva do território do país.

Depois de vários anos de situação indefinida em que nem o governo nem a guerrilha puderam declarar-se vitoriosos, iniciaram-se conversações que acabariam pondo fim ao conflito em 1992. Contribuíram para que isso acontecesse a redução das tensões internacionais decorrentes do fim da Guerra Fria e a situação de Cuba (que enfrentava dificuldades, sobretudo econômicas) e da Nicarágua (que assistia à derrota eleitoral do governo sandinista), países que apoiavam a guerrilha. Assim como ocorrera na Guatemala, a ONU mediou o término do conflito.

Reviravoltas na Nicarágua

A Nicarágua foi, ao final dos anos 1970 e durante toda a década seguinte, um dos países latino-americanos que mais vezes apareceram no noticiário internacional. Isso porque representou no período um persistente desafio à hegemonia norte-americana na América Central.

A importância geopolítica da Nicarágua esteve sempre ligada à intenção norte-americana de construir um canal interoceânico no sul do país, junto à fronteira com a Costa Rica, aproveitando o vale do Rio San Juan. Mesmo depois de o Canal do Panamá ter sido aberto, em 1914, os norte-americanos nunca deixaram de levar em consideração a alternativa de um segundo canal.

Do século XIX até as primeiras décadas do século XX, a Nicarágua sofreu várias intervenções militares por parte dos Estados Unidos. Essas constantes ingerências norte-americanas no país ensejaram o surgimento de um forte sentimento nacionalista, representado pela figura do famoso líder Augusto César Sandino.

Entre 1927 e 1933, Sandino e seu Exército Defensor da Soberania Nacional combateram os norte-americanos, assim como as forças locais (a Guarda Nacional), criadas para proteger os interesses dos Estados Unidos e das elites nicaraguenses a eles associadas. Em 1933, os norte-americanos retiraram-se da Nicarágua, e, em 1934, Sandino foi assassinado pela Guarda Nacional, chefiada por Anastácio Somoza.

Com a morte de Sandino, encerrava-se uma etapa importante da história política da Nicarágua, que deixou, entre suas heranças mais importantes, o mito em torno da figura de Augusto César Sandino, o "General dos Homens Livres", e a irresistível ascensão da família Somoza, que exerceu o poder com mão de ferro na Nicarágua por quase cinquenta anos.

O tempo passou e só na segunda metade dos anos 1970 é que os opositores da "dinastia" Somoza vislumbraram a possibilidade de derrubá-la do poder. O grupo mais forte e organizado de oposição ao governo era representado pela Frente Sandinista de Libertação Nacional (FSLN), grupo guerrilheiro, criado em 1962, que tinha o sucesso da Revolução Cubana como exemplo.

Depois de anos de atuação pouco expressiva, no início de 1979 ofensivas da FSLN fizeram cair, uma a uma, as principais cidades do país. Isso só foi possível graças a uma conjunção de fatores externos (relativo enfraquecimento da influência norte-americana) e internos (união de forças opositoras ao regime de Somoza). A FSLN chegou ao poder, mas a paz ainda não havia chegado à Nicarágua...

Os novos rumos

Depois de derrubar a "dinastia" Somoza, o novo governo passou a enfrentar uma série de problemas, entre os quais a reconstrução do país devastado por anos de guerra civil.

Além disso, havia a questão da partilha do poder no país, uma vez que a Frente Sandinista era um amplo leque de oposições em que prevaleciam os elementos de esquerda, mas da qual participavam também empresários e elementos da classe média, que representavam praticamente todos os grupos sociais e econômicos do país. Era, portanto, inevitável que surgissem divergências entre os vários segmentos políticos que integravam o movimento.

Contribuiu também para o agravamento da situação de instabilidade política no país a nova orientação seguida pelo governo norte-americano, após a eleição do presidente Ronald Reagan. A linha mestra dessa nova política era a de não abrir espaços para o expansionismo soviético. A administração Reagan começou, portanto, a acusar o governo sandinista de ajudar as guerrilhas esquerdistas da Guatemala e de El Salvador, afirmando também que por trás de tudo isso estavam os governos da União Soviética e de Cuba.

As divergências e dificuldades internas, acrescidas das novas condições externas, acabaram por ensejar o surgimento de uma oposição inicialmente institucional mas que logo depois se transformou em guerrilha armada. Es-

ses grupos guerrilheiros, que então se opuseram ao governo sandinista, passaram a ser chamados de "contrarrevolucionários", ou simplesmente "contra", e compreendiam um grande leque de oposições ao sandinismo. Os contra receberam apoio moral, material e logístico dos Estados Unidos.

O conflito entre os contra e o governo sandinista estendeu-se por quase uma década, sem que nenhum dos lados obtivesse uma vitória conclusiva. Os contra não possuíam força e organização suficientes para implantar um governo paralelo em território nicaraguense, enquanto os sandinistas não tinham condições de acabar definitivamente com a ameaça por eles representada.

Essa situação trouxe consequências negativas à economia, já que o governo era obrigado a gastar parte considerável de seu orçamento com a defesa do país em vez de aplicá-lo em projetos de desenvolvimento.

À crise econômica somou-se o gradativo desengajamento político-econômico da União Soviética (e de Cuba) em patrocinar a causa sandinista. Essas novas condições do contexto mundial levaram o governo sandinista a abrir diálogo com a oposição e a se comprometer a realizar eleições presidenciais, que aconteceram em 1990 e foram vencidas pelos opositores ao sandinismo.

Desde então, três outras eleições foram realizadas no país, e, embora os sandinistas tenham remodelado sua retórica "esquerdista", não lograram chegar ao poder em nenhuma delas. No entanto, consolidaram-se como a segunda maior força política do país.

O fim dos conflitos tanto na Nicarágua como em El Salvador e Guatemala e os regimes democráticos que se implantaram na última década do século XX não conseguiram resolver as históricas disparidades socioeconômicas existentes. Esse último aspecto tem sido um dos fatores que explicam as altas taxas de criminalidade nos três países.

14. Caribe: o mundo das ilhas

Amplo conjunto insular da América tropical, o mundo caribenho apresenta uma grande variedade etnocultural, fruto de seu passado colonial. Composto de países independentes e possessões semicoloniais, é uma área de grande importância estratégica para os Estados Unidos.

A posição estratégica de várias ilhas da América Central mostrou-se muito importante desde o período colonial, quando, para chegarem à Europa, as fabulosas riquezas minerais, oriundas do Peru e proximidades, tinham de percorrer um longo trajeto. Das regiões produtoras, o ouro e a prata eram embarcados em navios, na costa do Pacífico, seguindo para o istmo do Panamá, onde eram descarregados. Dali eram levados em lombo de burro, por caminhos extremamente precários, até a costa do Atlântico (Mar do Caribe), onde, finalmente, eram embarcados nos galeões para a Espanha.

As potências europeias rivais da Espanha (Holanda, Inglaterra e França) perceberam que nessa região estava o ponto mais fraco do império espanhol. Tomaram posse de várias ilhas, que serviram, entre outras funções, para abrigar piratas que atacavam os galeões espanhóis. Em meados do século XIX, a parte continental da América Central (com exceção do Panamá e Belize) e algumas ilhas das Grandes Antilhas começaram o processo de descolonização. Entretanto, ainda hoje existem resquícios de impérios coloniais europeus nas Pequenas Antilhas, como as Antilhas Holandesas (Curaçao, Aruba e Bonaire), e possessões francesa (Martinica) ou inglesa (Bermudas).

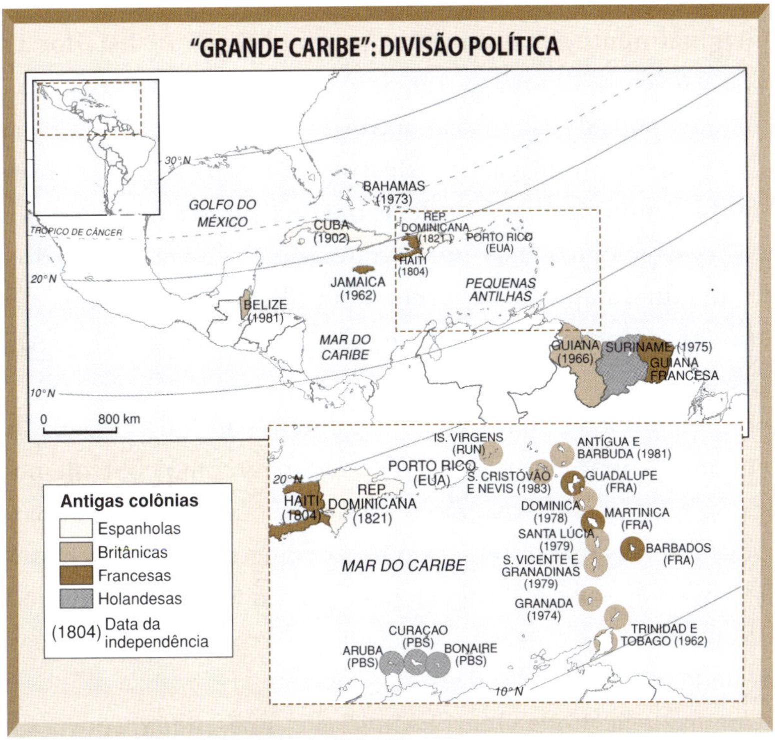

Fonte: *Atlas histórico escolar*. Rio de Janeiro, FAE, 1991.

Ao mesmo tempo que algumas ilhas se tornavam independentes, uma nova concepção estratégica começou a se delinear na região. Pela própria evolução do comércio e dos meios de transporte e comunicações, passou a tomar corpo a ideia da construção de uma via interoceânica ligando o Atlântico ao Pacífico.

No contexto regional, apenas duas opções se apresentavam viáveis: uma seria percorrer o caminho ao longo da atual fronteira entre a Nicarágua e a Costa Rica, aproveitando a navegabilidade do Rio San Juan e do Lago da Nicarágua; a outra seria construir um canal que acompanhasse, aproximadamente, a antiga rota colonial espanhola, escolha que no final acabou prevalecendo.

Um outro fato, porém, começava a se destacar: a decadência da presença europeia, ao mesmo tempo que se verificava um aumento da influência estratégica dos Estados Unidos sobre a região, que teve como ideário a Doutrina Monroe.

Originalmente, essa doutrina propunha que os Estados Unidos interviessem caso alguma potência externa (imaginava-se na época um país europeu, daí sua frase-síntese – "A América para os americanos") tentasse modificar os "destinos" dos países do continente. Entretanto, a deturpação das ideias originais dessa doutrina por parte dos sucessivos governos norte-americanos levou os Estados Unidos desde aquela época a exercer e ampliar sua influência direta e indireta sobre todo o continente, especialmente sobre a América Central.

Em inúmeros momentos, principalmente ao longo do século XX, os norte-americanos lançaram mão de recursos como controle político, exploração econômica, expansão territorial e ocupação militar para proteger seus interesses estratégicos ou econômicos. Inúmeros países caribenhos passaram por essa "experiência", como foram os casos de Cuba, Haiti, República Dominicana e Granada, sem contar as possessões americanas de Porto Rico e das Ilhas Virgens.

Depois da Segunda Guerra Mundial e, mais ainda, após a Revolução Cubana, as intervenções dos Estados Unidos nos assuntos internos dos países da região passaram a ser ampla e estrategicamente justificadas pela vital importância que representavam para a segurança da costa sudeste norte-americana e para o Canal do Panamá.

É nesse contexto que devem ser entendidas, por exemplo, a tentativa de invasão de Cuba por grupos anticastristas, financiados e treinados pelos norte-americanos (1961), e as intervenções na República Dominicana (1965) e em Granada (1983).

Na década de 1990, a única intervenção dos Estados Unidos aconteceu no Haiti, onde o governo militar ali implantado foi derrubado por pressões do governo norte-americano. O objetivo dessa intervenção era "restaurar a democracia" no país, considerado o mais pobre das Américas.

Fonte: Adaptado do *Atlas des relations internationales.*

Panoramas insulares

A região conhecida como Antilhas, ou Caribe, é um conjunto de milhares de ilhas de variados tamanhos que se localiza entre o sudeste dos Estados Unidos e o litoral norte da América do Sul. Elas formam um arco que se estende por cerca de 2 mil quilômetros no sentido norte-sul e 2,5 mil quilômetros no sentido leste–oeste, separando o Mar das Antilhas do Oceano Atlântico. Se somarmos a extensão de todas as ilhas, teremos uma superfície de mais ou menos 225 quilômetros quadrados, algo como o tamanho do estado de Roraima.

Não são todos, todavia, que consideram que o Caribe seja formado apenas por esse enorme arco insular. Numa perspectiva histórica e geopolítica, especialistas por vezes se referem a um "Grande Caribe", onde estariam incluídos Belize (o único país do istmo de colonização britânica) e a porção norte da América do Sul (região das Guianas), cuja colonização foi efetuada por britânicos, holandeses e franceses.

Comumente, as ilhas do Caribe são divididas em três grandes grupos de acordo com seu tamanho e localização. Assim, um dos grupos corresponde às Grandes Antilhas, formado pelas maiores ilhas (Cuba, Hispaniola – onde se localizam o Haiti e a República Dominicana –, Jamaica e Porto Rico); o outro grupo é o das Pequenas Antilhas; e o terceiro refere-se ao arquipélago das Bahamas, que muitos classificam

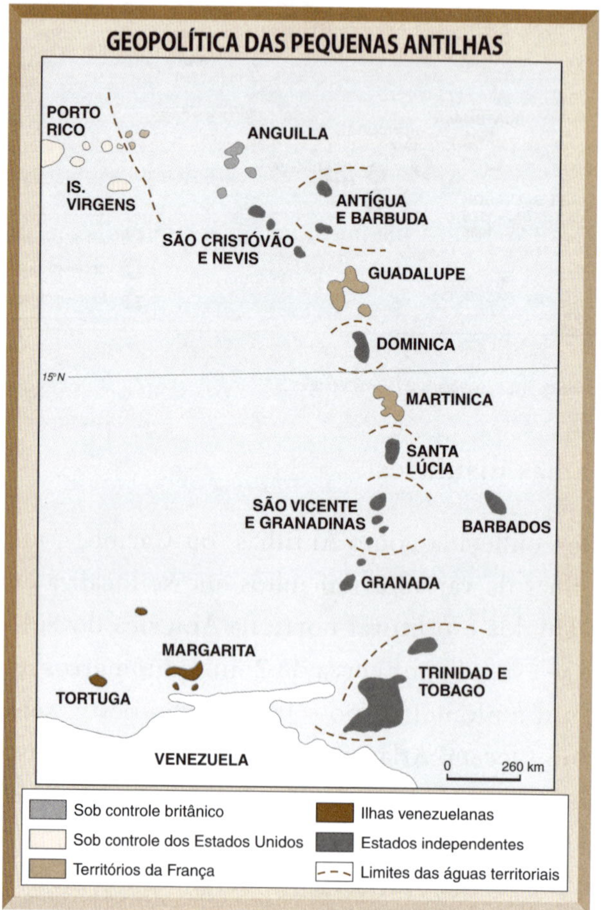

Fonte: Adaptado do *Atlas des relations internationales.*

como parte integrante das Pequenas Antilhas. As Grandes Antilhas representam cerca de 90% da área total da região do Caribe.

Em todo o arquipélago das Antilhas existem treze países independentes (Cuba, Haiti, República Dominicana, Jamaica, Bahamas, Antígua e Barbuda, Barbados, Dominica, Granada, Santa Lúcia, São Cristóvão e Névis, São Vicente e Granadinas e Trinidad e Tobago) e um enorme número de dependências e territórios, com variados *status* políticos, que estão sob controle da França, Grã-Bretanha, Holanda e Estados Unidos.

Paraísos tropicais

As Antilhas consistem numa área típica de climas tropicais, com pequena variação térmica anual. A pluviosidade, embora bastante intensa no seu conjunto, varia muito de ilha para ilha e mesmo no interior de cada uma delas. Essa variada distribuição das chuvas permitiu o desenvolvimento de uma vegetação bastante diversificada. Ao mesmo tempo, a característica nitidamente tropical levou à intensa exploração do turismo, atividade econômica que gera parte considerável da renda de muitos países da região.

É também nessa região que se formam os grandes ciclones, que, após varrerem as ilhas com ventos fortíssimos, atingem, muitas vezes, a parte continental da América Central e o sul dos Estados Unidos, provocando estragos consideráveis.

NASA/SPL-STOCK PHOTOS

Imagem de satélite do furacão *Fran*, que se formou sobre o mar do Caribe, a leste da Península da Flórida, em setembro de 1996.

As ilhas do Caribe apresentam variada formação geológica. Assim, uma parte considerável das Pequenas Antilhas é de origem vulcânica em diferentes estágios de evolução ou declínio. Há, dessa forma, ilhas com vulcões ativos, que já causaram grandes tragédias, e outras onde eles estão extintos ou em fase de extinção. Existem ainda ilhas, como as que formam o conjunto das Bahamas, que são de formação coralínea, feição muito comum em mares tropicais.

Um mosaico de povos

Foi a partir das Antilhas que os espanhóis deram início, no século XVI, à conquista do continente americano, pois várias ilhas serviram de escala nas ligações entre o México e as colônias espanholas da América do Sul. Os nativos que viviam nas ilhas, e que foram sendo gradativamente exterminados após a chegada do colonizador europeu, também usavam da navegação para estabelecer contatos entre si.

A chegada dos espanhóis transformou as Antilhas numa espécie de "colcha de retalhos" sob o ponto de vista étnico. As riquezas descobertas pelos ibéricos, tanto no México como no Peru, atraíram piratas de outros países europeus (franceses, ingleses, holandeses). Estes acabaram tomando posse de algumas ilhas do arquipélago, que passaram a servir como base para seus ataques aos navios espanhóis que passavam pela região, levando as riquezas exploradas nas colônias para a metrópole.

No processo de valorização econômica das ilhas, os europeus necessitaram de mão-de-obra escrava, que foi trazida da África para trabalhar nas grandes plantações de produtos tropicais, especialmente de cana-de-açúcar. O número desses escravos variou de lugar para lugar. Quando, no século XIX, o tráfico negreiro foi suspenso e a escravatura abolida, foram introduzidos assalariados originários da antiga colônia britânica das Índias, para o trabalho rural em algumas ilhas. A presença deles foi mais expressiva nas áreas que, naquela época, se achavam sob o domínio britânico.

A presença de colonizadores de várias nacionalidades, de escravos negros e de hindus e a inevitável mestiçagem que ocorreu entre esses grupos ensejaram uma grande diversidade etnocultural na região. É por isso que as populações de Cuba, República Dominicana e Porto Rico, por exemplo, são majoritariamente branca e mulata e falam o espanhol. O Haiti é de maioria negra e tem o francês como língua oficial. Já em Trinidad e Tobago os negros são maioria, existe uma expressiva minoria de origem hindu, e o inglês é a língua oficial.

PETER TURNLEY/CORBIS-STOCK PHOTOS

BOB KRIST/CORBIS-STOCK PHOTOS

STEVE RAYMER/CORBIS-STOCK PHOTOS

MARTIN ROGERS/CORBIS-STOCK PHOTOS

O mosaico etnocultural da América Central: meninos do Haiti, mulheres cubanas em trajes típicos, manifestação religiosa hindu em Trinidad e Tobago e crianças costa-riquenhas.

Um mar sob controle

A ideia norte-americana de comandar os destinos das nações centro-americanas e caribenhas não é nova. Ao longo do século XIX, ao mesmo tempo que ocupavam efetivamente a porção oeste, o *Far West*, pondo fim à fase do expansionismo interno, que concluiu sua formação territorial, os Estados Unidos lançaram-se numa nova empreitada geopolítica: estabelecer pontos estratégicos sob seu controle no Atlântico (Mar do Caribe) e no Pacífico (Havaí, por exemplo).

Ainda no século XIX começaram, na América Central e nas Grandes Antilhas, movimentos políticos que visavam à independência dos países que até então eram colônias europeias. Esse século marca a decadência europeia na região, principalmente a espanhola, enquanto também se verificava um aumento da influência política dos Estados Unidos.

Os interesses norte-americanos tornaram-se ainda mais evidentes quando a ideia da construção de um canal ligando o Atlântico ao Pacífico se concretizou. Isso porque, concluída a construção, as Antilhas passariam, dentro da concepção geopolítica norte-americana, a servir de "escudo protetor" do canal. Se observarmos a posição das várias ilhas em relação ao Canal do Panamá, perceberemos que um navio que queira atravessá-lo a partir do Atlântico terá de passar necessariamente por um dos canais ou estreitos existentes entre as várias ilhas que compõem o arquipélago antilhano.

Por isso, os sucessivos governos norte-americanos procuraram não só reforçar a defesa do canal, mas também comprar ou obter concessões para uso militar (bases aeronavais) em ilhas que ainda se mantinham como parte integrante de impérios coloniais europeus. Ao mesmo tempo, o governo norte-americano passou a se julgar no direito de intervir em qualquer país independente do Caribe, caso seus interesses estratégicos ou econômicos fossem ameaçados pelos governos locais.

Formou-se assim, ao longo do arco insular das Antilhas, um cinturão de bases e centros estratégicos cujo objetivo principal era a defesa da costa sul-sudeste norte-americana e do Canal do Panamá. Em 1960, quando Cuba se tornou o primeiro país socialista das Américas, esse cinturão de bases passou também a "vigiar" o regime implantado em Havana.

15. Cuba, a ilha das fantasias

Além de ser o mais extenso e populoso país das Antilhas, Cuba destaca-se por sua privilegiada posição estratégica no Caribe. Todavia, sua importância maior está ligada ao fato de consistir, há mais de quarenta anos, no desafio mais persistente à hegemonia norte-americana no continente.

Maior país do Caribe, Cuba tem uma superfície que corresponde a quase metade de toda a extensão do conjunto insular das Antilhas. O território cubano, com cerca de 111 mil quilômetros quadrados, é pouco maior que o estado de Pernambuco e abriga uma população de cerca de 11,5 milhões de pessoas.

A composição étnica da população cubana – em que cerca de 70% são brancos e o restante, mulatos e negros – é o resultado dos padrões de povoamento e exploração levados a efeito pelo colonialismo espanhol. Os ameríndios, habitantes originais da ilha, foram dizimados ao longo do primeiro século da conquista colonial.

No conjunto do arquipélago das Antilhas, Cuba possui uma localização geográfica invejável, pois domina alguns dos principais pontos de acesso (canais e estreitos) que unem o Mar das Antilhas ao Oceano Atlântico.

Assim, separa-se dos Estados Unidos (Península da Flórida) pelo Canal da Flórida; pelo Canal Velho das Bahamas separa-se do arquipélago homônimo; separa-se do Haiti pelo Canal de Maísi ou Passo dos Ventos; da Jamaica pelo Estreito de Colombo; e do México pelo Estreito de Yucatán.

Três desses canais ou estreitos (Canal da Flórida, Passo dos Ventos, Estreito de Yucatán) são passagens quase obrigatórias de navios que, vindos do Atlântico, queiram atingir o Canal do Panamá.

Cuba foi um dos países latino-americanos que mais tempo demoraram a se libertar do jugo espanhol. Sua independência só foi conseguida após a Guerra Hispano-Norte-americana (1898), vencida pelos Estados Unidos. Com a derrota, os espanhóis foram obrigados a entregar aos norte-americanos suas colônias no Caribe (Porto Rico) e no sudeste asiático (Filipinas).

Quanto a Cuba, os norte-americanos assumiram o governo até que fosse elaborada a Constituição do país, fato que ocorreu em 1902. À Constituição cubana os norte-americanos "fizeram questão" de acrescen-

tar a chamada "Emenda Platt", que lhes permitia intervir no país para "preservar a sua independência e manter um governo adequado à proteção da vida, da propriedade e da liberdade individual". Em 1903, a base de Guantánamo – atualmente uma das principais do complexo de bases das Antilhas – foi "cedida" pelos cubanos, em caráter perpétuo, para uso militar dos Estados Unidos.

A partir de sua "independência", Cuba tornou-se fornecedora de produtos agrícolas (açúcar, principalmente) para o mercado norte-americano e transformou-se também num importante centro turístico. A presença de empresas norte-americanas dominando alguns dos setores-chave da economia cubana também se tornou um traço marcante do relacionamento entre os dois países.

Desde o final da Primeira Guerra Mundial (1914-1918), o poder político em Cuba foi exercido por presidentes com poderes ditatoriais que sempre defendiam os pontos de vista do governo e das empresas norte-americanas. O último desse ciclo de ditadores foi Fulgencio Batista, que dominou a cena política cubana do início dos anos 1940 até

1959, quando foi derrubado por uma revolução que tinha Fidel Castro como um de seus líderes.

De 1959 a 1962, a Revolução Cubana tentou transformar profundamente as estruturas sociais, políticas e econômicas do país. Ao implantar a reforma agrária, nacionalizar as empresas estrangeiras e expropriar as empresas nacionais, Cuba passou, de um lado, a sofrer pressões cada vez mais fortes por parte do governo norte-americano, e, de outro, a buscar o apoio da União Soviética.

CREUTZMANN SVEN/CORBIS SYGMA

Crianças cubanas em manifestação contra o bloqueio norte-americano ao país.

As pressões norte-americanas foram de vários níveis, a saber: imposição de um embargo comercial, rompimento de relações diplomáticas, tentativas de invasão do país por meio de exilados cubanos e mercenários contratados pela Central de Inteligência Americana (CIA), no episódio que ficou conhecido por "Invasão da Baía dos Porcos", e pressões sobre os países latino-americanos para que rompessem relações diplomáticas com Cuba (só o México não rompeu) e para que o país fosse expulso da OEA.

Apesar de todas essas pressões e do isolamento político-diplomático que sofreu por parte de quase todos os países latino-americanos (especialmente nos anos 1960), Cuba conseguiu sobreviver e se transformar num exemplo bem-sucedido de desafio à hegemonia norte-americana no continente. Essa sobrevivência foi possível, em grande parte, graças ao apoio político e econômico que Cuba recebeu da União Soviética, o que, de certa forma, colocou os cubanos na dependência dos soviéticos, especialmente nos campos econômico e militar.

Um exemplo a ser seguido?

O sucesso da Revolução Cubana passou a ser visto pelas esquerdas latino-americanas como a primeira derrota do imperialismo norte-americano no continente. Por isso, os movimentos de esquerda existentes em muitos países latino-americanos começaram a usar o exemplo cubano na tentativa de promover a revolução em seus países.

O próprio governo cubano passou a incentivar essa estratégia durante os anos 1960, com a criação da Organização Latino-Americana de Solidariedade (Olas), que tinha como um de seus principais objetivos incentivar a revolução em toda a América Latina.

Nessa empreitada, Cuba contou com a ajuda da figura carismática e romântica de um guerrilheiro que havia participado da vitória da Revolução Cubana e que se dispôs a criar condições para que o mesmo acontecesse em outros países do continente. Seu nome era Ernesto "Che" Guevara. Em 1967, porém, "Che" Guevara foi morto nas selvas da Bolívia. A morte desse líder, somada à eficácia da repressão praticada pelos governos latino-americanos (apoiados logisticamente pelos Estados Unidos), levou ao fracasso das guerrilhas, que acabaram praticamente dizimadas no início dos anos 1970.

Com o malogro das guerrilhas, Cuba passou a adotar uma política externa menos agressiva, o que contribuiu para que vários países latino-americanos reatassem relações diplomáticas com o governo cubano.

No entanto, na segunda metade da década de 1970, Cuba passou a se fazer cada vez mais presente no continente africano, alegando que "o internacionalismo proletário justificava sua intervenção em auxílio dos movimentos de libertação do mundo".

RON WATTS/CORBIS-STOCK PHOTOS

O revolucionário Ernesto "Che" Guevara continua presente no coração, na mente e nos *outdoors* dos cubanos.

Além das tropas, que foram de fundamental importância para que os governos de esquerda chegassem ao poder em Angola e na Etiópia ou nele se mantivessem, Cuba enviou para esses países, assim como para vários outros Estados africanos (Moçambique, Congo, Gabão, Tanzânia, Guiné-Bissau etc.), técnicos nas áreas de educação, saúde, agricultura, saneamento etc.

Durante parte dos anos 1980, Cuba tentou "orientar" propostas para solucionar o problema da dívida externa dos países endividados da América Latina. Nessa mesma época, o país passou a ser acusado pelo governo norte-americano de dar sustentação às guerrilhas em alguns países centro-americanos, como El Salvador e Guatemala, e ainda de fornecer armas ao governo sandinista da Nicarágua.

Especialmente nas três primeiras décadas após a revolução, o governo cubano conseguiu grandes avanços no campo da educação, saúde, saneamento básico etc. O analfabetismo foi praticamente eliminado, o atendimento médico-hospitalar tornou-se referência mundial, e a mortalidade infantil registrou os índices mais baixos entre todos os países da América Latina.

No campo econômico, entretanto, o país praticamente não diversificou suas atividades e exportações, mantendo-se em estreita dependência da União Soviética – que comprava o açúcar de Cuba a preços superiores aos praticados pelo mercado internacional e vendia aos cubanos petróleo, máquinas e matérias-primas a preços inferiores às cotações internacionais.

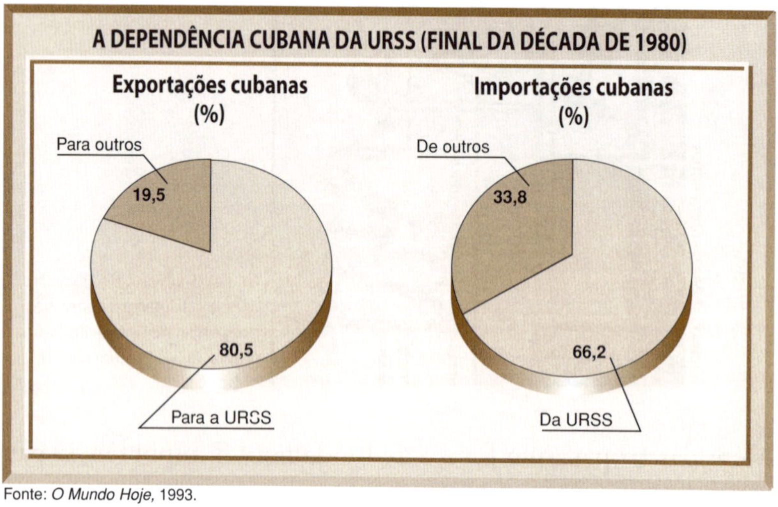

Fonte: *O Mundo Hoje*, 1993.

Todavia, a dissolução do bloco soviético, a partir do final da década de 1980, criou uma nova situação para Cuba. O fim da ajuda da União Soviética e das relações privilegiadas com outros países do bloco por ela liderado precipitou uma grande crise. Deve-se lembrar que Cuba já sofria, desde o início da revolução, o embargo econômico imposto pelos Estados Unidos.

Além da carência de petróleo, a oferta de produtos de consumo, que já não era grande, diminuiu ainda mais, fazendo com que a insatisfação com o regime aumentasse. Em virtude da situação, o governo buscou recursos em moedas fortes, estimulando o turismo para o país. O setor hoteleiro foi o que mais se beneficiou com investimentos feitos especialmente por empresas europeias, espanholas, em particular, e canadenses.

Algumas proibições à iniciativa privada foram retiradas nessa época, permitindo que cidadãos do país pudessem abrir pequenos negócios bem como fazer certos tipos de transações comerciais utilizando o dólar.

Hotel de luxo em Cuba: o país de Fidel já não é mais o mesmo.

A crise econômica da década de 1990 fez com que muitos cubanos se dispusessem a deixar clandestinamente o país, indo engrossar as fileiras de exilados, concentrados especialmente junto à cidade norte-americana de Miami.

A oposição interna começava a se mostrar mais intensa, da mesma forma que a repressão aos dissidentes por parte do regime aumentava. Fato emblemático dessa situação aconteceu no início de abril de 2003, quando, depois de um julgamento sumário, três cidadãos cubanos foram condenados à morte e executados por terem sequestrado um barco com o qual pretendiam chegar aos Estados Unidos e pedir asilo político. Na mesma ocasião, cerca de 75 opositores do regime foram condenados a penas de reclusão que variaram de 6 a 28 anos.

Essas ações do regime de Fidel Castro levaram a manifestações de desagrado por parte de pessoas do meio intelectual de quase todo o mundo. A mais contundente talvez tenha sido a do escritor português José Saramago, tradicional defensor do regime cubano. Manifestando sua decepção, Saramago declarou que a forma de agir do governo cubano o haviam feito "perder sua confiança, arrasado suas esperanças e frustrado suas ilusões".

Por fim, vale a pena uma indagação: O regime atual sobreviverá à morte de Fidel Castro?

Bibliografia

ARBEX JR., José. *Narcotráfico: um jogo de poder nas Américas*. São Paulo, Moderna, 1993.

BALENCIE, Jean-Marc & LA GRANGE, Arnaude de (org.). *Mondes rebelles: guerres civiles et violences politiques*. Paris, Michalon, 1999.

BONIFACE, Pascal (org.). *Atlas des relations internationales*. Paris, Hatier, 1997.

BRENER, Jayme. *Jornal do século XX*. São Paulo, Moderna, 1998.

BRIGNOLI, Héctor P. *América Central: da colônia à crise atual*. São Paulo, Brasiliense, n. 63, 1983. (Coleção Tudo é História.)

CHALIAND, G. & RAGEAU, Jean-Pierre. *Atlas politique du XXème siècle*. Paris, Seuil, 1990.

CHAUPRADE, Aymerie & THUAL, François. *Dictionnaire de géopolitique (États, concepts, auteurs)*. Paris, Ellipses, 1998.

JAGUARIBE, Hélio. *O novo cenário internacional (conjunto de estudos)*. Rio de Janeiro, Guanabara, 1984.

LA COSTE, Yves (dir.). *Dictionnaire géopolitique des États*. Paris, Flamarion, 1995.

MAGNOLI, Demétrio. *Questões internacionais contemporâneas*. Brasília, Funag, 2000.

MAGNOLI, Demétrio & ARAUJO, Regina. *O projeto da Alca: hemisfério americano e Mercosul na ótica do Brasil*. São Paulo, Moderna, 2003.

MONIZ BANDEIRA, Luiz A. *Brasil, Argentina e Estados Unidos: da Tríplice Aliança ao Mercosul (1870-2003).* Rio de Janeiro, Revan, 2003.

OLIC, Nelson Bacic. *Conflitos do mundo: questões e visões geopolíticas.* São Paulo, Moderna, 2000.

POCHMAN, Marcio & AMORIM, Ricardo (orgs.). *Atlas da exclusão social no Brasil.* São Paulo, Cortez, 2003.

ROUQUIÉ, Alain. *O Extremo Ocidente: introdução à América Latina.* São Paulo, Edusp, 1992.

Periódicos

ALMANAQUE ABRIL. São Paulo, Abril.

LE MONDE DIPLOMATIQUE. Paris, Le Monde Diplomatique. (vários números.)

MANIÈRE DEVOIR. Paris, Le Monde Diplomatique.(vários números.)

MUNDO – Geografia e Política Internacional. São Paulo, Pangea.(vários números.)

Sites na Internet

América Latina en Movimiento
www.alainet.org/index.html.es

Alca
www.ftaa-alca.org

Cia. World Factbook
http://www.odci.gov/cia/publications/factbook

Comisión Económica para América Latina y el Caribe (Cepal)
www.eclac.cl

International Institute for Strategic Studies
http://www.iiss.org/home.php

Le Monde Diplomatique
http:// www.monde-diplomatique.fr

Mercosul
www.guia-mercosul.com.br
www.mercosur.org.uy

Mundo – Geografia e Política Internacional
www.clubemundo.com.br

Pacto Andino
www. comunidadandina.org

Stockolm International Peace Research Institute
http://www.sipri.se

United Nations Cartografic Section
http://www.un.org/depts/cartographic/english/index.htm

United Nations Statistic Division
http://unstats.un.org/unds